Gerold Walser   Römische Inschriften in der Schweiz

Gerold Walser

Römische Inschriften in der Schweiz

für den Schulunterricht ausgewählt,
photographiert und erklärt

II. Teil: Nordwest- und Nordschweiz

Verlag Paul Haupt Bern

ANAIDI SELINAE SOPHIAE
LIBELLUM DEDIT AVUS
UT EIS LINGUA LATINA
FIAT AMICA

Gedruckt mit Unterstützung
des Fonds für kulturelle Aktionen des Kantons Bern,
der Hochschulstiftung Bern,
der Stiftung Pro Augusta Raurica, Basel,
der Gesellschaft Pro Vindonissa, Brugg.

Die Aufnahme No. 121 hat das Historische Museum Bern
freundlicherweise zur Verfügung gestellt, alle andern Photographien
stammen vom Verfasser.

CIP-Kurztitelaufnahme der Deutschen Bibliothek

Walser, Gerold:

Römische Inschriften in der Schweiz:
für d. Schulunterricht ausgew., photogr. u. erklärt /
Gerold Walser. – Bern: Haupt.
Teil 2. Nordwest- und Nordschweiz. – 1980.
ISBN 3-258-02903-2

Alle Rechte vorbehalten
Copyright ©1980 by Paul Haupt Berne
Printed in Switzerland

Einführung

Die Regeln, die in der Einführung zum 1. Band angegeben sind, gelten auch für diesen 2. Band der Inschriften-Ausgabe. Die Photographie sollte einen Eindruck von Charakter und Erhaltungszustand jedes Steines geben. Die Grössenverhältnisse sind aus den Massangaben zu erschliessen. Bei eingemauerten Stücken fehlt das Tiefenmass. In diesem Bändchen sind die meisten Inschriften der Lapidarien von Solothurn, Brugg, Zürich, Basel und Augst enthalten. Da in diesen Sammlungen zum Teil einheitliche Gruppen wie die Soldatengrabsteine aus Vindonissa vorhanden sind, würde es naheliegen, solche Gruppen gleichen Inhalts gemeinsam zu kommentieren. Das ist im Interesse der Benützung jedes einzelnen Inschriftenformulars nicht geschehen. Es sei daher auch an dieser Stelle auf das kleine Literaturverzeichnis hingewiesen und betont, dass für die Geschichte der 3 Legionen von Vindonissa ausser Staehelins Buch die entsprechenden Abschnitte in Ritterlings Legio-Artikel der RE eingesehen werden sollten. Für alle Namenfragen wird man ohne die Bücher von Schulze und Kajanto nicht auskommen. Die Überlieferungsgeschichte der Inschriften würde an vielen Orten eingehendere Erörterung erfordern als im Kommentar zu geben möglich war. Zum Beispiel wäre die Ansicht, dass alle Amsoldinger Steine aus Avenches und die meisten Basler Funde aus Augst stammen, genauer zu erörtern als hier geschehen. Das vorliegende Bändchen lässt wie das erste viele Fragmente, völlig verwitterte oder unleserliche Inschriften aus, da sich die Abbildungen nicht für den Unterricht eignen würden. Dass eine Anzahl Basler Titel trotzdem aufgenommen und durch beigegebene Umzeichnungen verdeutlicht worden sind, geschieht aus der doppelten Absicht, der Diskussion über das römische Basel Hand zu bieten und der Direktion des Historischen Museums vor Augen zu führen, wie dringend die rasche Rettung und Konservierung der durch allzu lange unsachgemässe Magazinierung delabrierten Stücke heute geworden sind.

Zu danken habe ich allen Museumsdirektoren und ihren archäologischen Mitarbeitern, die mir das Photographieren gestattet und erleichtert haben. Besonderen Dank schulde ich H.-G. Pflaum für das Durchsehen des Manuskripts und meiner Frau für unermüdliche Hilfe beim Photographieren und Korrekturenlesen.

Bern, im Juli 1979   Gerold Walser

Inhalt

Einführung 5

Inschriften aus Neuenburg, Bern, Solothurn und Umgebung

114. Weihung des T. Frontinius Genialis an Mars 12
115. Weihung des T. Frontinius Hibernus an die Göttin
     Naria Nousantia 14
116. Grabschrift des Dendrophoren Severius Commendatus .. 16
117. Grabschrift des Goldschmiedes Camillius Polynices 18
118. Grabschrift der Flavia Pusinna 20
119. Grabschrift der Matidia Pusinna 22
120. Grabschrift der Pompeia Hospita 24
121. Weihung des Otacilius Seccius 26
122. Weihung an Mercurius Augustus 28
123. Grabschrift für Claudius Melissus 30
124. Weihaltar für die Alpengottheiten 32
125. Weihinschrift am Strassentor der Pierre-Pertuis 34
126. Grabstein des Silvanius Victorinus 36
127. Grabstein für die Gattin des Anotius 38
128. Weihung des Marcus Maccius Sabinus an Mars 40
129. Stiftung eines Heiligtums für Apollo Augustus 42
130. Weihung des Gefreiten Restio an die Göttin Epona 44
131. Weihaltar des Suecconius Demecenus an den
     Genius Publicus 46
132. Grabschrift des Pardulianus 48
133. Grabschrift des Lucius Crassicius Corbulo 50
134. Sarkophag der Flavia Severiana 52
135. Grabschrift für Sextus Iunius Maiorinus 54
136. Grabstein der Memorina 56
137. Grabschrift des Severus 58
138. Familiengrab der Statilii 60
139. Bauinschrift der Tungrecaner-Truppe 62
140. Weihung an die Sulevien 64
141. Bauinschrift des Jupitertempels in Solothurn 66
142. Grabstein des Cinnenius Secundus 68
143. Grabstein des Rogatinius Romulus 70
144. Grabschrift für Philetus 72

145. Grabstein für die Tochter des Maturius Caratilius 74
146. Grabment einer Tempel-Bauinschrift 76

Inschriften aus Windisch und Umgebung

147. Weihung an Diana 78
148. Inschrift über den Neubau des Jupitertempels
 in Vindonissa 80
149. Stiftung eines Ehrenbogens für Mars, Apollo und Minerva 82
150. Weihaltar des Marcus Masterna für die Abwehrgötter ... 84
151. Altar für die Götter und Göttinnen des Marcus Masterna 86
152. Weihaltar des Quintus Nicennius für die Gottheiten
 der Kreuzwege 88
153. Fragmente einer Bauinschrift aus dem Legionslager
 Vindonissa 90
154. Fragmente einer Bauinschrift aus dem Legionslager
 Vindonissa 92
155. Fragment einer Renovations-Inschrift aus dem
 Legionslager Vindonissa 94
156. Grabstein des Centurio Caius Allius Oriens 96
157. Grabstein des Soldaten Marcus Apronius Secundus 98
158. Grabstein des Genie-Soldaten Marcus Iulius Maximus .. 100
159. Grabstein des Soldaten Quintus Lucilius Pudens 102
160. Grabschrift des Soldaten Marcus Magius Maccaus 104
161. Grabstein des Soldaten Publius Tettius Vala 106
162. Grabschrift des Soldaten Caius Vegelo Rufus 108
163. Grabstein des Soldaten Titus Vitellius Felix 110
164. Fragment einer Inschrift der Gemüsehändler 112
165. Weihung des Lucius Munatius Gallus an Apollo 114
166. Weihung des Sklaven Nyisus an Fortuna 116
167. Weihung des Veteranen Caius Visellius Verecundus
 an die Nymphen 118
168. Weihung des Soldaten Lucius Flavius Burrus an Silvanus 120
169. Weihung eines unbekannten Soldaten 122
170. Weihung eines unbekannten Soldaten der Rapax-Legion 124
171. Fragment einer Bauinschrift aus dem Legionslager
 Vindonissa 126
172. Torinschrift aus dem Legionslager Vindonissa 128
173. Fragment einer Ehreninschrift für den Kaiser 130
174. Fragment der Inschrift eines Kohorten-Präfekten 132

175. Grabschrift des Soldaten Lucius Rutilius Macrinus 134
176. Fragment einer Soldateninschrift 136
177. Inschrift auf einem verzierten Baustück 138
178. Fragment eines Weihaltars des Caius Trosius 140
179. Türsturz einer Jupiter-Kapelle 142
180. Fragment vom Weihaltar des Cornicularius Verecundus 144
181. Fragment der Weihinschrift des Sammo 146
182. Grabstein des Soldaten Marcus Luxonius Festus 148
183. Grabstein des Soldaten Gaius Ennius Titus 150
184. Weihaltar für die Götter der Kreuzwege 152
185. Grabschrift des Marcus Nervinius Saturninus 154
186. Grabstein des Centurio Caeno 156
187. Stiftung eines Isis-Tempels in Baden 158
188. Weihung an Mercurius Matutinus 160
189. Grabschrift des Veteranen Certus 162
190. Fragment einer Soldatengrabschrift 164
191. Grabstein des Soldaten Quintus Valerius Libens 166
192. Weihung der Bärenjäger an Diana und Silvanus 168

Inschriften aus Zürich und der Ostschweiz

193. Grabstein des Lucius Aelius Urbicus,
     Kind des Zollbeamten 170
194. Grabstein der Flavia Sacrilla 172
195. Weihung des Caius Octavius Provincialis 174
196. Weihung an Jupiter, Juno und die anderen Götter 176
197. Bauinschrift am spätantiken Kastell Winterthur 178
198. Weihung an die Dea Fortuna 180
199. Spätantike Bauinschrift eines Rheinkastells 182
200. Renovationsinschrift einer Badeanlage 184
201. Bauinschrift des Rheinkastells am oberen Laufen 186
202. Bauinschrift des Rheinkastells bei Etzgen 188

Inschriften aus Basel, Augst und Umgebung

203. Weihung der Brüder Sanucii an Mercurius 190
204. Weihung des Quintus Attius Messor an
     Mercurius Augustus 192
205. Weihung des Lucius Ciltius Cossus an
     Mercurius Augustus 194

206. Fragment einer Kaiserinschrift 196
207. Fragment der Bauinschrift für eine Badeanlage 198
208. Grabstein des Veteranen Mucapora für seinen Sohn
 Valens 200
209. Grabstein eines Veteranen aus der 1. Legion 202
210. Fragment einer Inschrift für den Decurio Paternus 204
211. Grabstein für einen Fremden aus dem Biturigerlande ... 206
212. Grabstein für Tiberius Ingenuius Satto und seinen Sohn 208
213. Grabstein für Adianto und Marulina 210
214. Grabstein für Marcus Attonius Apronianus 212
215. Grabstein des Publius Aulius Memusus 214
216. Grabschrift des Bellinus für seinen Sohn Divichtus 216
217. Grabschrift für Blandus, Sohn des Vindaluco 218
218. Inschriften-Fragment im Basler Museum 220
219. Grabstein für Castius Peregrinus 222
220. Grabstein für Ioincatia Nundina 224
221. Grabstein des Freigelassenen Caius Iulius Fecundus ... 226
222. Grabschrift für Marinius Attilianus 228
223. Grabstein des Masuconius 230
224. Grabschrift eines gewissen Sabinus 232
225. Grabstein für einen Unbekannten 234
226. Grabstein des Baudoaldus 236
227. Grabschrift der Radoara 238
228. Grabstein für Prima und Araurica 240
229. Weihung an die Göttin Epona 242
230. Weihung des kaiserlichen Speicherverwalters Fortis ... 244
231. Weihung des Heniocus 246
232. Bauinschrift von Soldaten der 1. und 7. Legion 248
233. Spätantike Bauinschrift vom Kastell Magden 250
234. Fragment einer Soldatengrabschrift aus Augst 252
235. Grabstein des Rhenicius Regalis 254
236. Anonymer Grabstein 256
237. Weihung an Aesculapius Augustus 258
238. Weihung der Maria Paterna an Apollo 260
239. Weihung des Silvius Spartus an den Gott Sucellus 262
240. Bauinschrift des Jupitertempels in Augst 264
241. Weihung eines Rufinus 266
242. Grabschrift für die Kinder Olus und Fuscinus 268
243. Grabstein der Eustata 270
244. Weihung des Caius Caelius Tertius an Apollo Augustus .. 272
245. Grabstein eines Holzhändlers 274

Nachträge

246. Fragment einer Truppeninschrift aus Augst 276
247. Ehreninschrift des Quintus Severius Marcianus aus Nyon 278
248. Grabstein der Valeria Secca aus Avenches 280

Literaturverzeichnis 282

Indices: Kaiser 283
        Familiennamen 283
        Beinamen 285
        Götter, Priester Kulte 287
        Provinzen, Städte, Ortsangaben 287
        Ämter, Berufe, Militär 288
        Bauten, Geldangaben 289

Konkordanz der römischen Inschriften in der Schweiz 290

114. Weihung des T. Frontinius Genialis an Mars

Weihaltar aus Jurakalk, gefunden 1828 in der Pfarrkirche St. Martin zu Cressier (NE), heute aufgestellt im Sitzungssaal des Gemeindehauses Cressier. Masse: 128 × 68 × 56 cm, Schriftfeld 62 × 53 cm; Buchstabenhöhe 6 cm.

Marti | sacrum | T(itus) Frontinius | Genialis | [5]v(otum) s(olvit) l(ibens) m(erito).

Dem Mars geweiht. Titus Frontinius Genialis hat sein Gelübde gern und nach Gebühr eingelöst.

Die Weihung gilt vermutlich dem keltischen Mars, den die gallorömische Bevölkerung wie die Gallier Caesars (bell. Gall. 6, 17, 2) weiter verehrten. Der Familienname Frontinius ist vom Cognomen Frontinus abgeleitet, das in vielen vornehmen römischen Familien der Kaiserzeit vorkommt. Der Beiname Genialis ist von südgallischen und germanischen Töpferfamilien bekannt.

Lit.: Mommsen, ICH 162; CIL XIII 5150; Riese 3023; Howald-Meyer 187. Über das Fortleben des keltischen Mars in römischer Zeit: F. Staehelin, Schweiz[3] S. 538.

MARTI
SACRVM
FRONTINVS
GENIALIS
V S L M

115. Weihung des T. Frontinius Hibernus an die Göttin Naria Nousantia

Weihaltar aus Jurakalk, gefunden 1608 bei Neuenstadt (BE) und in der Pfarrkirche von Cressier (NE) deponiert, heute aufgestellt im Sitzungssaal des Gemeindehauses Cressier. Masse: 126 × 64 × 32 cm; Schriftfeld 69 × 56 cm; Buchstabenhöhe 4–7,5 cm.

Nariae | Nousan|tiae | T(itus) Frontin(ius) | [5]Hibernus | v(otum) s(olvit) l(ibens) m(erito).

Der Naria Nousantia hat Titus Frontinius Hibernus sein Gelübde gern und nach Gebühr eingelöst.

Die Bronzestatuette einer *Dea Naria* ist in Muri bei Bern gefunden worden und steht heute im Berner Museum. Über den Charakter dieser Göttin ist nichts bekannt. Hier trägt sie den lokalen Beinamen *Nousantia,* scheint also eine örtlich verehrte Gottheit zu sein. Der Weihende trägt die gleichen Vor- und Familiennamen wie der Stifter von 114. Während in der früheren römischen Zeit sich Geschwister durch den Vornamen unterscheiden, gilt diese Regel seit dem 2.–3. Jh. n. Chr. nicht mehr, und es kommt vor, dass alle Angehörigen einer Gens den gleichen Vornamen tragen. Frontinius Hibernus kann also ein Bruder von Frontinius Genialis gewesen sein. Hibernus heisst «der Winterliche», vielleicht weil er im harten Winter zur Welt kam.

Lit.: Mommsen, ICH 163; CIL XIII 5151; Dessau 4708; Riese 3439; Howald-Meyer 188. Zur Göttin Naria vgl. Staehelin, Schweiz[3] S. 513 f.

NARIAE
NOVSAN
TIAE
TERONTIN
HIBERNVS
V · S · L · M

116. Grabschrift des Dendrophoren Severius Commendatus

Verstümmelter Grabaltar aus Jurakalkstein, im November 1877 in der Mauer des Beinhauses neben dem Friedhof Amsoldingen (BE) gefunden. Der Stein muss wie die übrigen Amsoldinger Inschriften im Mittelalter aus Avenches als Baumaterial an den Fundort verschleppt worden sein. Heute im Historischen Museum in Bern. Masse: 95 × 56 × 38 cm; Schriftfeld 50 × 48 cm; Buchstabenhöhe 4,5–6 cm.

D(is) M(anibus) | Severi Com|mendati den|[d]rophor(i) Aug(ustalis) A|⁵[s]inula coniu[x] | f(aciendum) c(uravit).

Den Manen des Severius Commendatus, Mitgliedes des Collegiums der kaiserlichen Dendrophoren, hat Asinula, seine Gattin, (diesen Grabstein) setzen lassen.

Der Familienname Severius ist Ableitung des geläufigen Cognomens Severus. Der Beiname Commendatus, wörtlich «einer der empfohlen worden ist, ein empfehlenswerter», hängt mit der Commendatio, der Empfehlung eines Kandidaten bei den Wahlen zusammen. Die Dendrophoren-Gesellschaft, wörtlich «die Baumträger», sind ursprünglich eine orientalische Kultgenossenschaft zu Ehren der Göttin Kybele. Zum Ritus gehört, dass die Gemeinschaft der Gläubigen jedes Jahr einen heiligen Baum fällt und herumträgt. Die Sitte ist von den Zimmerleuten in vielen römischen Städten aufgenommen worden, und entsprechend ihrer Berufspraxis versehen die Dendrophoren-Zimmerleute auch den lokalen Feuerwehrdienst. Der Name der Frau, Asinula, «Eselchen», ist Spitz- oder Kosename.

Lit.: CIL XIII 5153; Riese 2041; Howald-Meyer 237. Über das Dendrophorenkollegium vgl. F. Staehelin, Schweiz[3] S. 557 f.

117. Grabschrift des Goldschmiedes Camillius Polynices

In zwei Stücke zerbrochener Grabaltar, gefunden als Pfeilerbasis in der Krypta der Kirche von Amsoldingen, 1816. Zwischen den Zeilen 7 und 8 ist durch den Bruch des Steines eine Lücke von mindestens einer Zeile entstanden. 1874 ausgebaut und ins Rathaus Thun überführt, heute im Hof des Schlosses Thun. Masse des zusammengesetzten Steines: 122 × 55 × 58 cm, Schriftfeld (soweit erhalten) 63 × 48 cm, Buchstabenhöhe 3,5–5,5 cm.

D(is) M(anibus) | Camill(ius) Polynices | natione Lydus artis | aurifex corporis | [5][f]abr(um) tignuariorum | [a]pud eosdem omnib(us) | [h]onoribus functus | et ornament(is) honora`t]us vixit ann(os) LX [... | [10]e]t Camillio Paulo | [f]ilio eiusdem artis | [e]t corporis qui vixit | annos aetatis XXXIII.

Den Manen. Camillius Polynices, von Herkunft Lyder, von Handwerk Goldschmied, von der Zunft zu Zimmerleuten, der bei ihnen alle Ehrenämter bekleidet hat und mit allen Auszeichnungen geehrt worden ist. Er lebte 73 Jahre, und für Camillius Paulus, seinen Sohn, vom selben Handwerk und von derselben Zunft, der 33 Jahre seines Lebens alt wurde.

Der Grabstein für die beiden Goldschmiede orientalischer Herkunft ist aus Avenches verschleppt worden, wo andere Camillii bezeugt sind. Es handelt sich um eine helvetische Honoratiorenfamilie, in welche die Zuwanderer aus Kleinasien aufgenommen worden sind. Vermutlich waren es freie Leute. Der Vater trägt noch den klassischen Heldennamen Polynices (Polyneikes, Sohn des Oedipus und Bruder der Antigone), während der Sohn schon einen römischen Beinamen erhalten hat. Dass der Vater seine Heimat angibt, ist bei Neurömern nicht üblich. Es sieht aus wie Stolz auf das goldreiche Lydien, wo der reiche König Kroisos herrschte, denn in römischer Zeit war Lydia keine amtliche Bezeichnung mehr. Die Zimmerleutezunft in Avenches umfasste, wie auch in andern Städten, Vertreter verschiedener Handwerke. Die Vereinsämter, die der Goldschmied durchlaufen hat, dürften die Präsidentschaft (magister, rector, curator), die Kassenverwaltung (quaestor) oder andere Funktionen gewesen sein. In der Lücke nach Zeile 7 muss eine Angabe gestanden sein, wie sie die Ergänzung vorschlägt. Der Casuswechsel vom Nominativ zum Dativ kommt auch auf anderen Doppelgrabsteinen vor. **Fortsetzung auf Seite 22**

118. Grabschrift der Flavia Pusinna

Grabaltar aus Jurakalkstein, gefunden 1816 in der Krypta der Kirche Amsoldingen, heute im Hof des Schlosses Thun. Wie die andern Amsoldinger Inschriften stammt auch dieser Stein aus Avenches und ist in nachantiker Zeit als Baumaterial an den Fundort transportiert worden. Masse: 116 × 57 × 46 cm, Buchstabenhöhe 3–6 cm.

D(is) M(anibus) | Flaviae Pusinnae | uxori karissima[e] | ac pudicae piis|⁵simae | quae vixit ann(is) XVIII | diebus IIII | Otacilius Thesaeus | perinde kariss(imus) marit(us) | ¹⁰f(aciendum) c(uravit).

Den Manen. Der Flavia Pusinna, seiner liebsten, keuschen und treuesten Gemahlin, die 18 Jahre und 4 Tage lebte, hat Otacilius Thesaeus, ihr ebenso geliebter Gatte, (diesen Stein) setzen lassen.

Die junge Verstorbene, der ihr Gatte dieses rührende Zeugnis ehelicher Anhänglichkeit setzte, stammte aus einer Familie, die von einem der flavischen Kaiser (Vespasian, Titus oder Domitian) das Bürgerrecht erhalten hat. Zum flavischen Kaiserhaus bestanden in Avenches Beziehungen, da der Vater Vespasians in Helvetien Bankier gewesen war und Titus einen Teil seiner Kindheit dort verlebt hatte (Inschrift No. 97). Die Avencher Flavier gehören zu den Honoratiorenfamilien, waren Bürgermeister und mit andern reichen Helvetierfamilien verschwägert (Inschrift No. 65). Auch die Familie der Otacilier, aus welcher der überlebende Gatte stammt, ist ein vornehmes Geschlecht aus Avenches, die ihren Reichtum vermutlich durch grosse Handelsgeschäfte erlangt hatten. Der Beiname der Toten Pusinna stammt aus der Kinderstubensprache («Mädelchen»), derjenige des Mannes, Thesaeus = griechisch Θησαῖος (wohl eher von θής = Lohnarbeiter als vom Helden Θησεύς, Theseus abgeleitet) deutet auf ursprünglich östliche Herkunft. Thesaeus könnte ein Freigelassener eines reichen Otaciliers gewesen sein, dem durch die Heirat mit der Flavierin der Aufstieg in die führenden Familien der helvetischen Hauptstadt gelang.

Z. 7: Angabe des Lebensalters im Ablativ; in der Regel wird der Accusativ gebraucht. Anlautendes k für c in karissima kommt auch in stadtrömischen Inschriften vor.

Lit.: Mommsen, ICH 213; CIL XIII 5155; Riese 3680; Howald-Meyer 238. Zum frühen Heiratsalter der römischen Mädchen: Bang bei Friedländer, Sittengeschichte Roms, Bd. IV[10], 1921, S. 133 ff. Über die Otacilier in Avenches: H. Herzig, JbSGU 57, 1972/3, S. 175 f.

119. Grabschrift der Matidia Pusinna

Grabaltar aus Jurakalkstein, gefunden 1809 beim Abbruch des Chorherrenhauses in Amsoldingen, heute aufgestellt im Garten des Schlösschens Amsoldingen. Der Stein ist wie die übrigen Inschriften aus Amsoldingen im Mittelalter von Avenches als Baumaterial verschleppt worden. Masse: 84 × 50 × 34 cm, Buchstabenhöhe 4–4,5 cm. Die Schrift ist stark verwittert.

D(is) M(anibus) | Mati[di]ae Pu|[s]innae quae | vixit an(nos) XXV [. .] | ⁵Mat(idius) Pervinc|us pater f(aciendum) c(uravit).

Den Manen der Matidia Pusinna, welche 26 Jahre lebte, hat Matidius Pervincus, ihr Vater, (diesen Stein) setzen lassen.

Der Familienname von Tochter und Vater ist ungewiss, da in Zeile 2 einige Buchstaben fehlen und der Name in Zeile 5 nur abgekürzt vorliegt. Mommsen hatte Maticia vorgeschlagen, andere Matillia. Der Gens Matidia gehörte die Schwiegermutter Hadrians an, die nach ihrem Tode als Diva verehrt worden ist. Die Familie der Matidii hatte in Oberitalien Besitz. Der Beiname der verstorbenen Tochter ist Kosenamen, «Mädelchen» wie in No. 118. Pervincus scheint kein römischer Name zu sein, sondern ein germanischer. Er kommt häufig in den beiden Germanien vor. (Hinweis von H.-G. Pflaum.)

Lit.: Mommsen, ICH 214; CIL XIII 5156; Riese 3848; Howald-Meyer 239. Zu den germanischen Namen vgl. z. B. J. L. Weisgerber, Die Namen der Ubier, Köln 1968.

Fortsetzung von Seite 18

Lit.: Mommsen, ICH 212; CIL XIII 5154; Dessau, ILS 7687; Riese 2042; Howald-Meyer 236; Staehelin, Schweiz³ S. 482 f. Über die Organisation der Zünfte: W. Liebenam, Zur Geschichte und Organisation des römischen Vereinswesens, 1890 S. 161 ff.

120. Grabschrift der Pompeia Hospita

Grabaltar aus Jurakalkstein, gefunden 1875 bei Renovationsarbeiten in der Kirche von Amsoldingen bei Thun, heute aufgestellt im Garten des Schlösschens Amsoldingen. Der Stein ist wie die übrigen Amsoldinger Inschriften im Mittelalter aus Avenches als Baumaterial verschleppt worden. Masse: 118 × 64 × 53 cm, Buchstabenhöhe 4-5 cm.

D(is) M(anibus) | Pomp(eiae) Hospitae | feminae sanc|tissimae quae | ⁵vixit ann(os) XXXII | Gemin(ius) Victul|lus coniug(i) in|compar(abili) f(aciendum) c(uravit).

Den Manen der Pompeia Hospita, der tugendhaftesten Frau, welche 32 Jahre lebte. Geminius Victullus hat seiner unvergleichlichen Gattin (diesen Stein) setzen lassen.

Der Familienname der Toten ist abgekürzt wiedergegeben, kann also zu Pompeia oder Pomponia ergänzt werden. Eine andere Angehörige dieser Gens findet sich in Avenches (No. 97). Hospita heisst «die Fremde, die Ausländerin». Die Familie der Geminii, aus der der überlebende Gatte stammt, ist in Italien seit republikanischer Zeit verbreitet. Ein Freund des jüngeren Plinius (ep. 1, 12, 9) heisst C. Geminius. Victullus scheint von Victor, Victoria abgeleitet; auch der Beiname Victius kommt vor, von ihm ist Victullus gebildet wie Tertullus von Tertius. Sanctus ist nicht im christlichen Sinn heilig, sondern heisst in Verbindung mit femina, coniunx, virgo ehrbar, keusch. Es lässt sich aber denken, dass die Amsoldinger Mönche, als sie den Stein in ihre Kirche einmauerten, die Inschrift für das Zeugnis einer Heiligen hielten.

Lit.: CIL XIII 5157.

121. Weihung des Otacilius Seccius

Fragmente einer grossen Inschriftplatte aus Jurakalk, gefunden 1969 auf der Engehalbinsel bei Bern. Ein schon 1879 gefundenes Fragment ist von Schmidt in CIL XIII 5162 publiziert worden. Alle Fragmente liegen heute im Historischen Museum Bern. Nach der Rekonstruktion von H. Herzig muss die Tafel einst die Masse 171 × 72 cm besessen haben. Buchstabenhöhe 6–6,5 cm. Die Platte muss einst an einem der gallorömischen Tempel der Engehalbinsel angebracht gewesen sein. Photo und Zeichnung vom Historischen Museum Bern.

In hon[orem do]mu[s] | divinae [– – –] | ex [s]tip[i]bus [– – –] | [re]gion[is] O[– – –] | ⁵[O]tacil(ius) Seccius II [vir – – –].

Zu Ehren des Kaiserhauses [und der Gottheit...] (hat) aus den Beiträgen [...] der Region O.. Otacilius Seccius, Bürgermeister [diesen Tempel errichten lassen].

Welcher Gottheit die Inschrift neben der Weihung an die kaiserliche Familie noch gewidmet ist, kann aus den Fragmenten nicht ersehen werden. Dass Bauten und Inschriften aus Geldspenden finanziert werden, kommt bei lokalen Kulten vielfach vor: Das Heiligtum des Mercurius Augustus in Yverdon wird *ex stipibus* unterhalten (No. 64), der in Allmendingen gefundene Weihaltar für die Alpengötter ist *ex stipe* der Region Lindensis (No. 124) erstellt worden. Für die Region, welche hinter der Stiftung auf der Engehalbinsel steht, bietet der Erhaltungszustand der Inschrift leider keinen Namen an. Dagegen besteht über den Bauherrn einige Klarheit: Otacilius Seccius (der Vorname ist verloren) muss Duumvir der Kolonie von Avenches gewesen sein. Er stammt aus der bekannten Honoratiorenfamilie, welche in Avenches die Otacilier-Schola gebaut und zahlreiche Inschriften hinterlassen hat. Wie beim Bau der Pierre-Pertuis-Strasse hat sich also der Bürgermeister der helvetischen Kolonie ausserhalb seines engeren Amtsbereiches betätigt, wozu ihm wohl Vermögen und Einfluss genug Berechtigung gaben. Das Cognomen Seccius scheint mit dem häufigen keltischen Namen Secco zusammenzuhängen und dürfte die lokale Herkunft des Bürgermeisters wie diejenige des Dunius (Pierre-Pertuis No. 125) beweisen.

Lit.: H. Herzig, Eine neue Otacilier-Inschrift auf der Engehalbinsel Bern, JbSGU 57, 1972/73 S. 175 ff., Jb. Bern. Mus. 53/54, 1973/74 S. 35 ff., dort auch die Zusammenstellung der aus Aventicum bekannten Otacilier.

122. Weihung an Mercurius Augustus

Reste einer Statuenbasis mit Fusslöchern für das Standbild. Steinblock aus Jurakalk, im 18. Jahrhundert in Rapperswil (Amt Aarberg, Kanton Bern) gefunden, heute eingemauert in der Stützmauer hinter dem alten Pfarrhaus Rapperswil. Sichtbare Masse: 61 × 31 cm, Schriftfläche 48 × 14 cm, Buchstabenhöhe 2,5 cm.

Mercurio Aug(usto) | *S(extus) T[a.........]inincanus* | *ex v[oto de pe]cunia sua* | *[feci]t.*

Dem Mercurius Augustus hat Sextus Ta........ inincanus nach Gelübde aus seinem Gelde (dieses Standbild) gestiftet.

Mercurius ist nach Caesar (bell. Gall. 6, 17, 1) der Hauptgott der Gallier. Seine Verehrung ist oft mit dem Kaiserkult verbunden. Der Name ist wegen der Lücke von ca. 8–9 Buchstaben nicht rekonstruierbar. Schmidt las im letzten Jahrhundert am Anfang von Zeile 2 noch STA. Wenn der Stifter drei Namen angab, so könnte man nach dem Vornamen S(extus) ein Gentile wie Tarquinius, Tarquitius, Tauricius oder ähnlich annehmen. Wenn nur Familien- und Beinamen auf der Inschrift standen, wäre am Anfang z. B. Statilius, Staius oder Status vorzuschlagen. Ein (keltischer?) Beiname mit der Endung -inincanus ist bisher unbekannt.

Lit.: Mommsen, ICH 217; CIL XIII 5163; Riese 3335. Zum Mercurius Augustus: Staehelin, Schweiz[3] S. 505.

123. Grabschrift für Claudius Melissus

Fragment einer Kalksteinplatte, gefunden 1873 im Nidau–Büren-Kanal bei Brügg (Kanton Bern), heute aufbewahrt im Historischen Museum Bern. Die linke Seite der Platte ist verloren. Masse des erhaltenen Fragmentes: 37 × 30,5 × 3 cm, Buchstabenhöhe 4 cm.

[Clau]d(io) Melisso | [Claud(ius)] Caprasius | [et ...]cca filio.

Für Claudius Melissus. Claudius Caprasius und ... cca ihrem Sohne.

Die Ergänzung der linken Seite ist ungewiss. Hier ist der Vorschlag Schmidts aus CIL XIII wiedergegeben. Der griechische Beiname Melissos kommt auch in Rom vor. Ein römischer Grammatiker aus der augusteischen Zeit heisst C. Maecenas Melissus. Der Beiname Caprasius dürfte mit Capra = Ziege zusammenhängen. Als Name der Mutter kommt ein Name wie Secca (CIL XIII 5111), Vacca (= «die Kuh»), Seminiacca (CIL IX 3486) oder ähnlich in Frage. Die Inschrift zeichnet sich durch formschöne, sorgfältig eingemeisselte Buchstaben aus. Der Akzent auf dem zweiten A von Caprásius bezeichnet im 1. Jahrhundert n. Chr. gewöhnlich den langen Vokal.

Lit.: CIL XIII 5165; O. Tschumi, Urgeschichte des Kantons Bern, 1953 S. 403.

D·MELISSO
CAPRASIVS
CCA·FILIO

124. Weihaltar für die Alpengottheiten

Grosser Weihaltar, 1926 im gallo-römischen Tempelbezirk von Allmendingen bei Thun gefunden, heute im Historischen Museum in Bern. Masse: 98 × 72 × 68 cm, Schriftfeld 58 × 58 cm, Buchstabenhöhe 6,5–8 cm.

Alpibus | ex stipe | reg(io) Lind(ensis).

Den Alpen(gottheiten) hat dies die Regio Lindensis durch eine Sammlung gestiftet.

Die Personifizierung der Alpen als Gottheiten entspricht der antiken Sitte, Gebirge zu vergöttlichen. Der Olymp ist Sitz der Götter und wird als heilig betrachtet; entsprechend werden der Schwarzwald, die Ardennen und Vogesen verehrt. Stips bedeutet eine Geldspende als Opfergabe, wie sie von Gemeinschaften von Gläubigen oder Begräbnisvereinen zusammengeschossen wird. Die Regiones = «Gegenden» müssen regionale Kultverbände gewesen sein, die sich wohl um ein gemeinsames Heiligtum aus vorrömischer Zeit erhalten haben. Aus Bern-Muri ist eine Regio Arurensis («Aaregegend») bekannt, welche einer Göttin Naria eine Bronzestatuette weihte (im Historischen Museum Bern, Inschrift: CIL XIII 5161), Lind(ensis) scheint mit keltisch «lindo-n» = stehendes Gewässer, See, zusammenzuhängen. Vielleicht ist damit der Thunersee gemeint.

Lit.: Finke, BRGK 17, 1927 No. 98; Howald-Meyer 234; O. Tschumi, Urgeschichte des Kantons Bern, 1953 S. 370. Zur Regio Lindensis: Staehelin, Schweiz[3] S. 145. Zur Diskussion über die Bedeutung der Regiones zuletzt: H. Herzig: Jb. SGU 57, 1972/73 S. 180.

125. Weihinschrift am Strassentor der Pierre-Pertuis

Die Inschrift am Felstor der Pierre-Pertuis über Tavannes (Amt Moutier, Kanton Bern) ist von Mönchen des 13. Jahrhunderts bemerkt, aber erst von Humanisten des 16. Jahrhunderts sorgfältig abgeschrieben worden. Mommsen hat sich bei seinem Besuch 1853 in Tavannes eine Leiter besorgt, um genau kopieren zu können. Das Zürcher Landesmuseum besitzt einen Gipsabguss der Inschrift. Masse der Tafel: 150 × 97 cm; Buchstabenhöhe 9–15 cm.

Numini Augus|t[or]um | via [d]ucta per M(arcum) | Dunium Paternum | ⁵II vir[u]m col(oniae) Helvet(iorum).

Für die Göttlichkeit der Kaiser ist diese Strasse gebaut worden durch Marcus Dunius Paternus, Bürgermeister der Kolonie der Helvetier.

Das Strassentor der Pierre-Pertuis (= Petra Pertusa) gehört zur Verbindung zwischen dem Bielerseegebiet und dem oberen Birstal, also zu einer Strecke, welche die beiden grossen Heerstrassen Avenches–Solothurn–Augst und Besançon–Mandeure–Kembs verband. Viam ducere ist der technische Ausdruck für das Anlegen und den Ausbau einer Strasse. Dass ein Bürgermeister der Kolonie von Avenches als Bauherr zeichnet, hat ein Teil der Forscher mit der Ausdehnung des Koloniegebietes bis an den Jura (Scheide zum Raurikergebiet) erklärt. Andere glauben nicht, dass das Koloniegebiet das ganze Territorium der Helvetier umfasst habe. Danach wären die Duumvirn-Inschriften ausserhalb der Region Avenches Stiftungen ausserhalb des bürgermeisterlichen Amtsbereiches. Das Gentile Dunius gehört zu keltisch dunos, dunum «Burg», der Träger ist also Keltorömer, und es ist bezeichnend für den raschen Aufstieg der Neurömer, dass sie im 2.–3. Jh. zum obersten Amt in der Kolonie gelangt sind. Ziegelstempel einer Villa in Niedergösgen weisen einen Ziegelfabrikanten *Dun(ius) Pat(ernus)* aus. Vielleicht handelt es sich um denselben Mann. Ein L. Dunius Severus war unter Kaiser Claudius Prokonsul einer östlichen Provinz; er wird aus einer früh romanisierten gallischen Provinz, Narbonensis oder Oberitalien, stammen. Der hier genannte Dunius kann kaum vor der Samtherrschaft Mark Aurel – Lucius Verus oder der Severer regiert haben, weil er mit seiner Inschrift mehrere Kaiser ehrt.

Lit.: Mommsen, ICH 181; CIL XIII 5166; Riese 2029; Howald-Meyer 244.
Zur Strasse durch die Pierre-Pertuis: Staehelin, Schweiz[3] S. 359 f. Zur
Kolonieverfassung: R. Frei, ANRW (Festschrift J. Vogt) II, 5 (1976) S. 397 ff.

126. Grabstein des Silvanius Victorinus

Granitblock mit Grabschrift, gefunden 1868 in Lengnau, Kanton Bern, heute im Lapidarium (Kreuzgang zu Jesuitern) in Solothurn. Masse: 100 × 84 × 60 cm, Buchstabenhöhe 9 cm.

[D(is) M(anibus)] | Silva|ni Vic|torin(i) | [5]v(ivus) f(ecit).

Den Manen des Silvanius Victorinus. Er hat den Grabstein zu Lebzeiten setzen lassen.

Lit.: CIL XIII 5167; K. Glutz von Blotzheim, Das Lapidarium in Solothurn, 1954, S. 28 (mit fehlerhaften Angaben).

127. Grabstein für die Gattin des Anotius

Schön geformter Grabaltar aus Jurakalkstein, gefunden 1843 in den Ruinen einer römischen Villa auf Thürner bei Leuzigen (Kanton Bern), heute aufgestellt vor dem Doktorhaus in Leuzigen. Masse: 162 × 55 × 46 cm, Schriftfeld 69 × 46 cm, Buchstabenhöhe 5–6 cm. Die Inschrift ist fast völlig verlöscht.

D(is) M(anibus) | *T[i]g(ellia) P[us]i|nna vix(it)* | *[a]nno(s) L* | [5]*Anotius* | *Ingen(uus)* | *coniux* | *[f(aciendum) c(uravit)]*.

Den Manen. Tigellia Pusinna. Sie lebte 50 Jahre. Anotius Ingenuus, ihr Gatte, (hat den Stein setzen lassen).

Die Inschrift ist heute fast unleserlich. Schon die Leser des 19. Jh. konnten nur einige unzusammenhängende Buchstaben erkennen. R. Laur las 1951 in der 1. Zeile D M und in der 5. Zeile ANOTIVS. Bei Schrägbeleuchtung treten aber einige Buchstaben mehr deutlich hervor. Der Rekonstruktionsvorschlag ist ein Versuch, diese Buchstaben sinnvoll einzuordnen. Er kann aber keinen Anspruch auf Sicherheit erheben. Bei der Lesung ist davon auszugehen, dass der Name ANOTIVS gegen Ende der Inschrift im Nominativ steht. Es kann sich also nicht um den Toten handeln, sondern um den Gatten (coniux), der seiner Frau den Grabstein setzen liess. Als Familienname der Toten ergänzt ist Tigellia, ein seltenes Gentile, das Cicero verschiedentlich erwähnt. Für das Cognomen auf -nna bietet sich ein Name wie Pusinna (Amsoldingen, vgl. No. 118/9) an. Den Namen Anotius zitiert W. Schulze, Zur Geschichte lateinischer Eigennamen, 1904 S. 594 (Nachtrag zu S. 411).

Lit.: Mommsen, ICH 232; F. Keller, Nachtrag zu Mommsens ICH, 1865 No. 27; CIL XIII 5168; R. Laur, Jb. d. Schweiz. Ges. f. Urgesch. 41, 1951, S. 122.

128. Weihung des Marcus Maccius Sabinus an Mars

Kleine Platte aus Jurakalkstein, gefunden 1918 bei Martinsklafter an der Felswand über Friedliswart zwischen Biel und La Reuchenette, heute im Museum Schwab in Biel. Masse: 23 × 50 × 13 cm, Buchstabenhöhe 4,5 cm.

Marti | M(arcus) Maccius Sabinus | ex vissu.

Dem Mars geweiht von Marcus Maccius Sabinus auf Grund eines Traumgesichts.

Caesar (bell. Gall. 6, 17, 3) berichtet, dass die Gallier vor einem Kampf dem Mars die Kriegsbeute geloben. Auch wird der Gott von Soldaten vielfach als Nothelfer angerufen. Der Familienname Maccius ist umbrisch-oskischer Herkunft. So hiess der Dichter Plautus, und in der Kaiserzeit sind Angehörige der Gens aus Pompeii bekannt. Der Name würde also gut zu einem in Italien ausgehobenen Legionssoldaten passen, dem beim Marsch auf der römischen Strasse von Biel durch die Taubenlochschlucht nach dem Jura ein Unfall zustiess. Ex vissu für ex visu bedeutet «gemäss einem Traumorakel», «gemäss einer Erscheinung» und kommt in vielen populären Weihinschriften vor. Gelegentlich wird der ausdrückliche Befehl eines Gottes angegeben, z. B. CIL V 5081: Marti – ex iussu numinis ipsius.

Lit.: Finke, Bericht der Röm.-Germ. Kommission 17, 1927 No. 99; Howald-Meyer 243. Beispiele von Weihinschriften aus Träumen und Traumorakeln: Marquardt-Wissowa, Röm. Staatsverwaltung Bd. III^2, 1885 S. 100.

MARTI
M·MACCIVS·SABINVS
EX·VISSV

129. Stiftung eines Heiligtums für Apollo Augustus

Platte aus den Fundamenten der St. Ursen-Kathedrale in Solothurn, gefunden 1762 unter der Schmieden-Kapelle beim Turmeingang, heute im Lapidarium (Kreuzgang zu Jesuitern) in Solothurn. Masse: 73 × 60 cm, Buchstabenhöhe 5 cm.

In honor(em) dom(us) | divin(ae) Apollini | Aug(usto) T(itus) Cr(assicius) Pattu sius templum | [5]d(e) s(uo) d(onum) dedit.

Zu Ehren des Kaiserhauses hat dem Apollo Augustus Titus Crassicius Pattusius den Tempel aus eigenen Mitteln gestiftet.

Die Stiftung eines Apollo-Augustus-Heiligtums verbindet den Kult des alten keltischen Heilgottes (Caes. bellum Gall. 6, 17, 2) mit dem Kaiserkult. Dass die Stiftung auch dem Kaiserhaus gilt, ist besonders in der Severerzeit üblich. Der Stifter ist der aus No. 140 (= CIL XIII 11499) bekannte Mann.

Lit.: Mommsen, ICH 218; CIL XIII 5169; Riese 2067a; Howald-Meyer 246. Über Stiftungen an mit Augustus verbundene Götter vgl. Staehelin, Schweiz[3] S. 505 f.

130. Weihung des Gefreiten Restio an die Göttin Epona

Die Weihung aus dem Jahre 219 n. Chr. wurde im spätantiken Kastell Solothurn als Baustein verwendet. Im 16. Jahrhundert sah ihn Gilg Tschudi an der Schaalgasse in Solothurn, wo er noch zu Mommsens Zeit eingemauert war. Heute im Lapidarium (Kreuzgang zu Jesuitern) in Solothurn. Masse: 93 × 54 × 43 cm, Buchstabenhöhe 3,5 cm.

Deae Eponae Ma[ga] pilius Restio m[il(es)] | l]eg(ionis) XXII Antoni[ni] anae p(rimigeniae) p(iae) f(idelis) immu[n^{5}i]s co(n)s(ularis) curas a[ge] ns vico Salod[ur(o) | d(ie)] XIII Kal(endas) [S]eptemb[r(es)] | d(omino) n(ostro) Antonino [Aug(usto)] | II et Sacerdo[te] | ^{10}II co(n)s(ulibus) | v(otum) s(olvit) l(ibens) m(erito).

Der Göttin Epona hat Magapilius Restio, Soldat der 22. antoninischen erstgeborenen kaisertreuen Legion, Gefreiter des Provinzstatthalters, Postenchef im Dorf Solothurn, am 20. August des Jahres, als unser Herr, der Kaiser Antoninus, zum zweitenmal und Sacerdos zum zweitenmal Konsuln waren, (diesen Stein geweiht) und erfüllte sein Gelübde gern und nach Gebühr.

Epona ist die alt-keltische Pferdegöttin, welcher auch die römischen Soldaten vom Fuhrdienst Weihungen darbringen. Der Familienname des Weihenden ist verstümmelt, Mommsen ergänzt Maopilius, andere Magapilius. Der Beiname Restio bedeutet den Seiler. Der Mann war Gefreiter aus dem Stab des obergermanischen Gouverneurs in Mainz und hatte die Aufsicht über den Strassenposten in Solothurn. Das Dorf Solothurn wird hier zum ersten Male auf einer datierten Urkunde erwähnt, später ist die Station auch auf der Peutingerschen Karte eingezeichnet. Der Soldat ist von der 22. Legion in Mainz abkommandiert, welche Einheit auch die Posten in Genf (Bd. I No. 38) und Vevey (Bd. I No. 59) stellte, da die Strasse vom Genfersee über Avenches, Solothurn, Augst, Strassburg die wichtigste Verbindung zwischen Italien und den Rheingarnisonen war. Die Datierung nach Konsulatsjahr nennt Kaiser Elagabal (offiziell: Imperator Caesar Marcus Aurelius Antoninus Augustus) und den Senator Quintus Tineius Sacerdos = 219 n. Chr.

Fortsetzung auf Seite 46

131. Weihaltar des Suecconius Demecenus an den Genius Publicus

Weihaltar aus Kalkstein, gefunden im Juni 1762 in den Fundamenten der St. Ursen-Kathedrale in Solothurn, heute im Lapidarium (Kreuzgang zu Jesuitern) in Solothurn. Auf dem Altar stand ursprünglich eine Statue, die heute nicht mehr erhalten ist. Sichtbar sind nur noch die Fusseinlassungen. Masse: 108 × 47 × 41 cm, Buchstabenhöhe 4 cm.

Geni[o p]ublic(o) | in honorem | dom(us) divin(ae) | aram cum si $_|^5$gn(o) Suecconi(us) | Demecenus | de suo posu[it] | imp(eratore) d(omino) n(ostro) Anto[n(ino) II] | et Sacerdot[e II] | ^{10}co(n)s(ulibus).

Dem Genius publicus. Zu Ehren des Kaiserhauses hat diesen Altar mit Standbild Suecconius Demecenus aus eigenen Mitteln aufstellen lassen. Im Jahre des 2. Konsulates unseres Herrn, des Kaisers Antoninus, und des 2. Konsulates des Sacerdos.

Der Genius publicus ist wie der Genius populi Romani ein Symbol für das öffentliche Leben. Er wird auf Münzen als männliche Figur mit Füllhorn und Opferschale dargestellt. Vermutlich sah auch die verlorene Figur so aus. Das Datum des 2. Konsulates von Kaiser Elagabal und Quintus Tineius Sacerdo ist das Jahr 219 n. Chr. wie in Inschrift No. 130. Beide Namen, Suecconius und Demecenus, sind keltisch.

Lit.: Mommsen, ICH 220; CIL XIII 5171; Riese 2788; Howald-Meyer 247; K. Glutz von Blotzheim, Das Lapidarium in Solothurn, 1954 S. 19. Über den Genius publicus vgl. G. Wissowa, Religion und Kultus der Römer 1912[2], S. 179.

Fortsetzung von Seite 44

Lit.: Mommsen, ICH 219; CIL XIII 5170; Dessau, ILS 2411; Riese 1177; Howald-Meyer 245; K. Glutz von Blotzheim, Das Lapidarium in Solothurn, 1954 S. 13. Zur Göttin Epona: Staehelin, Schweiz[3] S. 516 ff. Zur Strassenstation Solothurn ebenda S. 309. Zur Charge des Immunis consularis: v. Domaszewski-Dobson, Die Rangordnung des röm. Heeres, 1967, S. 37. Zur 22. Legion: Ritterling, Artikel Legio, RE XII Sp. 1797 ff. Die Konsulatsliste der Kaiserzeit findet sich bei A. Degrassi, I fasti consolari dell'Impero Romano, 1952 (S. 61). Die von Mommsen und Schmidt abweichenden Ergänzungen der Inschrift werden H.-G. Pflaum verdankt.

C FAB... AVRELI..

IN HONOR..M
DOM DIVIN..
(?)AR M CVM S..
GN SVIS CON..
Q FL MACINVS
DE SVO POSV..
P M P D N A N..
ET SACERDOT..
COS

132. Grabschrift des Pardulianus

Kalksteinblock, 1762 in den Fundamenten der St. Ursen-Kathedrale in Solothurn gefunden, heute im Lapidarium (Kreuzgang zu Jesuitern) in Solothurn. Die rechte obere Ecke der Inschrift fehlt, die Ergänzungen stammen von Zangemeister (CIL XIII 5177). Masse: 60 × 50 × 27 cm, Buchstabenhöhe 3 cm.

D(is) [M(anibus)] | *Pardu[liani]* | *Ripari f[ilii]* | *q(ui) v(ixit) ann(os) X [...]* | [5]*Queta mate[r et]* | *Principalis fr[a]ter et pater s(upra) s(criptus)* | *f(aciendum) c(uraverunt).*

Den Manen des Pardulianus, Sohn des Riparius. Er lebte ... Jahre. Queta, seine Mutter, und Principalis, sein Bruder, und sein oben genannter Vater haben diesen Stein setzen lassen.

Die kelto-römische Familie besteht aus dem Vater Riparius, der Mutter Queta, dem einen Sohn Principalis und dem verstorbenen Sohn Pardulianus.

Lit.: Mommsen, ICH 229; CIL XIII 5177; Howald-Meyer 252. Zu den kelto-römischen Namen der Familie vgl. Staehelin, Schweiz[3] S. 495.

133. Grabschrift des Lucius Crassicius Corbulo

In mehrere Stücke zerbrochene Tabula ansata, 1762 in den Fundamenten der St. Ursen-Kathedrale in Solothurn gefunden, heute zusammengefügt und ergänzt im Lapidarium (Kreuzgang zu Jesuitern) zu Solothurn. Masse der rekonstruierten Platte: 137 × 80 cm, Buchstabenhöhe 6,5 cm. (Bei der heutigen Montage ist das verlorene Mittelstück zu gross geraten. Die Zeichnung Mommsens und Schmidts in CIL XIII 5178 gibt den ehemaligen Zustand der Inschrift besser wieder.)

[D(is)] M(anibus) | L(uci) Cr[ass]ici Cor|bulon[i]s IIIIII vir(i) | Aug(ustalium) P[u]bli(i) Prim|⁵us et Seccalus | fili e[i]us ponen | du[m c]uraver|[u]nt.

Den Manen des Lucius Crassicius Corbulo, des Mitgliedes der kaiserlichen Sechserherren, haben Publius Primus und Seccalus, seine Söhne, (diesen Grabstein) aufstellen lassen.

Das Sechsmänner-Kollegium für den Kaiserkult wird in der Regel von reichen Freigelassenen gebildet. Der Tote war also Freigelassener der begüterten Familie der Crassicii, die auch einen Apollo-Tempel gestiftet hat (No. 129 = CIL XIII 5169). Die Charge des Sevir Augustalis gilt dem Kult des regierenden Kaisers; da hier von mehreren Augusti (Zeile 4: AVGG) die Rede ist, könnte man an eine Samtherrschaft wie die der Severer denken. Mommsen und Schmidt ergänzen den Zeilenanfang AVGVSTALIVM (nach IX 3180), E. Meyer dagegen AVGVSTORVM. Corbulo und Seccalus sind keltische Namen.

Lit.: Mommsen, ICH 223; CIL 5178; Riese 2036; Howald-Meyer 251. Zu den Seviri Augustales vgl. Staehelin, Schweiz[3] S. 157 f.

134. Sarkophag der Flavia Severiana

Antiker Kindersarkophag, in christlicher Zeit als Reliquienschrein verwendet, 1519 als Grab des Heiligen Ursus gefunden und von Gilg Tschudi erwähnt. Beim Abbruch der alten St. Ursen-Kirche ging der Sarkophag verloren und wurde erst am 6. August 1954 an der westlichen Stützmauer zum sogenannten Rollhafen in Solothurn wieder entdeckt. Heute im Lapidarium (Kreuzgang zu Jesuitern) in Solothurn. Masse des Sarkophages: 119 × 56 × 42 cm, erhaltenes Schriftfeld (die rechte Seite ist ausgemeisselt) 77 × 39 cm, Buchstabenhöhe 5–6,5 cm.

D(is) [M(anibus)] | Fl(aviae) Severia[nae].

Den Manen der Flavia Severiana.

Der Name ist nach den Abschriften des 16. Jh. ergänzt. Links neben der Inschrift befindet sich das gallorömische Grabsymbol der Ascia (Axt), was den nicht-christlichen Charakter des Sarkophages beweist.

Lit.: CIL XIII 5181; K. Glutz von Blotzheim, Das Lapidarium in Solothurn, 1954 S. 27.

135. Grabschrift für Sextus Iunius Maiorinus

In Stücke zerbrochene Grabplatte, gefunden 1762 in den Fundamenten der St. Ursen-Kirche in Solothurn. Der untere Teil mit den Zeilen 4 und 5 ist seit 1806 verloren gegangen. Masse des erhaltenen Teiles: 80 × 56 × 33 cm, Buchstabenhöhe 7 cm. Über der Inschrift ist das Zeichen der Ascia (Axt) eingemeisselt wie auf vielen gallischen Grabsteinen.

D(is) M(anibus) | S(exti) Iun(ii) Ma|iorini fi|li eius [cu|⁵raverunt].

Den Manen des Sextus Iunius Maiorinus. Seine Söhne haben (den Stein) setzen lassen.

Angehörige der Iunier-Familie kommen in der Schweiz verschiedentlich vor (in Avenches No. 78 = CIL XIII 5080, im Wallis CIL XII 149). Wie sie mit der berühmten römischen Familie des Caesarmörders Brutus zusammenhängen, wissen wir nicht.

Lit.: Mommsen, ICH 227; CIL XIII 5182; K. Glutz von Blotzheim, Das Lapidarium in Solothurn, 1954 S. 23.

D   M
S IVN MA
IOR I N FI
LI EIVS CV
RAVERVNT

136. Grabstein der Memorina

Grabaltar aus Kalkstein, gefunden 1762 in den Fundamenten der St. Ursen-Kirche in Solothurn, heute im Lapidarium (Kreuzgang zu Jesuitern) in Solothurn. Masse: 110 × 48 × 38 cm, Buchstabenhöhe 3–7 cm.

D(is) M(anibus) | *Memorinae* | *Severianus* | *pater* | [5]*f(aciendum) c(uravit).*

Den Manen der Memorina. Severianus, ihr Vater, hat (den Stein) setzen lassen.

Lit.: Mommsen, ICH 228; CIL XIII 5183; K. Glutz von Blotzheim, Das Lapidarium in Solothurn, 1954 S. 20.

137. Grabschrift des Severus

Der Grabstein wurde 1762 in den Fundamenten der Stiftskirche St. Ursen zu Solothurn gefunden. Er ist heute aufbewahrt im Lapidarium (Kreuzgang zu Jesuitern) in Solothurn. Masse: 72 × 48 × 14 cm, Buchstabenhöhe 6 cm.

D(is) M(anibus) | Severi cu|raverunt | fratres | [5]eius.

Den Manen des Severus haben seine Brüder (diesen Stein) setzen lassen.

Severus ist häufiger Beiname im Helvetiergebiet seit dem 3. Jh. n. Chr.

Lit.: Mommsen, ICH 230; CIL XIII 5184; K. Glutz von Blotzheim, Das Lapidarium in Solothurn 1954 S. 12.

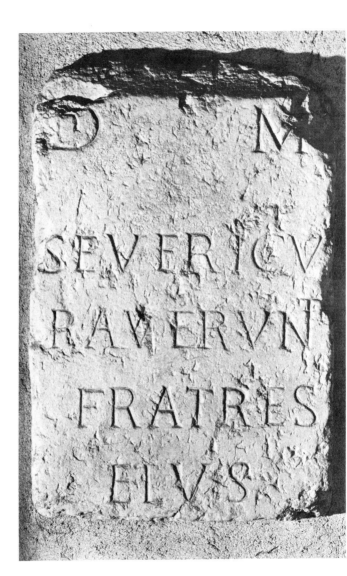

D M

SEVERICV

RAVERVN

FRATRES

EIVS

138. Familiengrab der Statilii

Grabstein, gefunden 1687 in St. Katharinen in Solothurn, heute im Lapidarium (Kreuzgang zu Jesuitern) Solothurn. Masse: 118 × 93 × 25 cm, Buchstabenhöhe 7–8 cm.

D(is) M(anibus) v(ivi) f(ecerunt) | [St]atili Aproni Ma|tugeniae Marcelli|nae Statili Paterni.

Den Manen des Statilius Apronius, der Matugenia Marcellina, des Statilius Paternus. Sie haben es zu Lebzeiten machen lassen.

Vermutlich bezeichnet die Inschrift ein Familiengrab, wobei Statilius Apronius der Vater, Matugenia Marcellina die Mutter und Statilius Paternus der Sohn sein dürfte. Dass Grabschriften bei Lebzeiten, z. B. beim Kauf des Grabplatzes, gesetzt werden, kommt häufig vor. Von welchen Statiliern in Rom die Familie das Bürgerrecht erhalten hat, ist unbekannt. Seit der Kaiserzeit haben die Statilier in Rom senatorischen Rang.

Lit.: Mommsen, ICH 231; CIL XIII 5185; Riese 4238; Howald-Meyer 253; K. Glutz von Blotzheim, Das Lapidarium in Solothurn, 1954 S. 20.

D · M ·
[A]ILI AP RONI MA

   I V G E N I A E M A R C E L L I

   NAE S T AT I L I P AT E R N

139. Bauinschrift der Tungrecaner-Truppe

Steinplatte in der Form einer Tabula ansata, gefunden 1860 in Laupersdorf bei Balsthal, heute im Lapidarium (Kreuzgang zu Jesuitern) in Solothurn. Masse: 50 × 46 cm (was erhalten), Buchstabenhöhe 6 cm. Die rechte Seite der Inschrift ist in neuer Zeit ergänzt worden.

Pedat[ura] | Tungrec[ano]¦rum Senio[rum] | succur(a) Au[reli] | ⁵tribu[ni].

Bauabschnitt der Älteren Tungrecaner unter Leitung des Obersten Aurelius.

Pedatura bedeutet den nach Fuss abgemessenen Abschnitt einer Mauer oder eines militärischen Verteidigungswerks. Vermutlich handelt es sich hier um eine Sperre der Hauensteinstrasse bei der Klus von Balsthal, welche diese Einheit des spätantiken Heeres zu erstellen hatte. Die Tungrecani Seniores sind eine bei Tongern in Belgien garnisonierte Abteilung der legio Tungrecanorum, die zu den Gardetruppen des 4. Jh. n. Chr., den legiones Palatinae, gehört.

Lit.: Keller Nachtrag zu Mommsen, ICH, 1865 No. 26; CIL XIII 5190; Riese 1802; Howald-Meyer 254; K. Glutz von Blotzheim, Das Lapidarium in Solothurn, 1954 S. 16. Zum spätantiken Militär in Helvetien: Mommsen, Schweizer Nachstudien, Hermes 16, 1881 S. 489 (= Gesammelte Schriften V, 1908 S. 432); Staehelin, Schweiz[3] S. 311; D. Hoffmann, Das spätrömische Bewegungsheer und die Notitia Dignitatum I, 1969 S. 335 ff.

140. Weihung an die Sulevien

Weihaltar, der in der Südwestecke des spätantiken Kastells Solothurn eingemauert war, gefunden 1909 beim Abbruch des Gasthofs zum Storchen in Solothurn. Heute im Lapidarium (Kreuzgang zu Jesuitern) zu Solothurn. Masse: 77 × 51 × 30 cm, Buchstabenhöhe 6 cm.

T(itus) Cr(assicius) Pattusi|us | et Cr(assicius) Magi|us | ⁵Suleis suis | v(otum) s(olverunt) l(ibentes) m(erito).

Titus Crassicius Pattusius und Crassicius Magius haben ihren Sulevien ihr Gelübde gern und nach Gebühr erfüllt.

Der römische Familienname Crassicius kommt mehrmals in Solothurn vor. Ausgeschrieben ist der Name in der verlorenen Inschrift CIL XIII 5179 (Crassic[io]) und in No. 133 (= CIL XIII 5178: Cr[ass]ici) überliefert. Derselbe Titus Crassicius Pattusius hat dem Apollo Augustus ein Heiligtum gestiftet (No. 129 = CIL XIII 5169). Pattusius ist ein keltischer Name. Die Sulevien sind persönliche Schutzgötter, die offenbar als Nothelfer angerufen werden. In der Schweiz sind sie aus fünf Inschriften bezeugt.

Lit.: CIL XIII 11499; Dessau 9322; Riese 3519; Howald-Meyer 250. Über die Sulevien: Staehelin, Schweiz³ S. 522.

141. Bauinschrift des Jupitertempels in Solothurn

Mächtiger Block aus weissem Kalkstein mit der Weihinschrift des Jupitertempels in Form einer Tabula ansata, gefunden am 2. Dezember 1946 auf dem Friedhofsplatz in Solothurn. Der Stein war nach Zerstörung des Tempels für eine spätantike Mauer verwendet worden. Heute im Lapidarium (Kreuzgang zu Jesuitern) in Solothurn. Die linke Seite der Inschrift fehlt. Heutige Masse: 245 × 72 × 42 cm, erhaltenes Schriftfeld 175 × 40 cm, Buchstabenhöhe 6,5–9 cm.

[In ho]norem domus [d]ivinae | [I(ovi)] O(ptimo) M(aximo) | [vikani] Salodurenses publ(ice) magist(ris) vici | [....]io Vikano II T(ito) Ped(io) Mallusio.

Zu Ehren des Kaiserhauses (weihten diesen Tempel) dem Jupiter Optimus Maximus die Dorfbewohner von Solothurn von Staats wegen. Dorfvorsteher waren ... ius Vikanus zum zweiten Male und Titus Pedius Mallusius.

Die Formel «in honorem domus divinae» datiert die Inschrift nach dem 2. Jh. n. Chr. Die rechtliche Form der Siedlung Solothurn ist der Vicus = Dorfgemeinde. Dass die Dörfler «publice», öffentlich, eine Stiftung signieren, ist Nachahmung der Stiftungen von Civitates und Kolonien, also der städtischen Gemeinden. Die Dorfvorsteher heissen «magistri» oder «curatores» vici. Nach dem Vorbild der Stadtgemeinden werden sie von der Bevölkerung jährlich gewählt, wobei – wie das Beispiel Vikanus zeigt – Wiederwahl zulässig ist. Der Familienname des erstgenannten Dorfvorstehers ist verloren, der sprechende Beiname «Vikanus» = Dörfler sieht wie ein lokaler Spitzname aus. Dagegen hat der Zweite seinen Familiennamen vielleicht vom senatorischen Geschlecht der Pedii, die mit dem Diktator Caesar verschwägert waren, erhalten. Nur der keltische Name Mallusius weist ihn als Neurömer aus.

Lit.: H. Lieb, Ber. Röm.-Germ. Kommission 40, 1959 No. 52; K. Glutz von Blotzheim, Das Lapidarium in Solothurn, 1954 p. 13. Zur Rechtsform der Vici vgl. Staehelin, Schweiz[3] p. 232 ff.; R. Frei-Stolba, Aufstieg u. Niedergang der röm. Welt II, 5 (1976) S. 401.

142. Grabstein des Cinnenius Secundus

Gefunden im Jahre 1778 am Brückentor in Olten, heute im Museum Olten. Masse: 63 × 50 × 40 cm, Buchstabenhöhe 5–5,5 cm.

D(is) M(anibus) | e[t] memoriae | Cinneni Secun|di vixit anno(s) | ⁵XXI m(enses) VIII | Cinnenius | Secunnus f(ilius) | et Cinn(enius) Secu[n] | din(us) frater fa|¹⁰[c]iend(um) curav[erunt].

Den Manen und dem Andenken des Cinnenius Secundus. Er lebte 21 Jahre und 8 Monate. Cinnenius Secunnus, sein Sohn, und Cinnenius Secundinus, sein Bruder, haben (den Stein) setzen lassen.

Die Formel «Dis Manibus et memoriae» kommt erst in Grabschriften vom 3. Jh. n. Chr. an vor. Der Familienname Cinnenius scheint keltischer Herkunft zu sein (Staehelin, Schweiz³ S. 495), könnte aber auch vom Beinamen Cinna der aristokratischen Familien der Cornelier und Helvier abgeleitet sein. L. Cornelius Cinna war unter den Caesarmördern, C. Helvius Cinna war Anhänger Caesars, wurde aber vom Volke mit dem erstgenannten verwechselt und deshalb beim Leichenbegängnis Caesars umgebracht. – Secunnus könnte Verschreibung für Secundus sein.

Lit.: Mommsen, ICH 234; CIL XIII 5191; Riese 3977; Howald-Meyer 255.

143. Grabstein des Rogatinius Romulus

Gefunden im Jahre 1778 am Brückentor in Olten, heute im Museum Olten. Masse: 64 × 59 × 38 cm, Buchstabenhöhe 4–4,5 cm.

[D(is) M(anibus)] | et memoriae R[o]|gatini Romuli | fratris Senati Romani inte[r]|⁵ceptus vixit an(nos) | XXV Sat(tia) Aventina | et Sat(tius) Senatus pat|res posuerunt.

Den Manen und dem Andenken des Rogatinius Romulus, des Bruders des Senatius Romanus. Er wurde ermordet und lebte 25 Jahre. Sattia Aventina und Sattius Senatus, die Eltern, haben den Stein gesetzt.

Die Formel «Dis Manibus et Memoriae» kommt erst im 3. Jh. und später vor. Da der Familienname abgekürzt geschrieben ist, hat man verschiedene Ergänzungen vorgeschlagen (Sattius, Satrius, Sattonius, Saturninius). Für die keltische Namengebung ist die Inschrift recht bezeichnend: Die Eltern heissen Sattius Senatus und Sattia Aventina. Der überlebende Sohn hat aus dem Beinamen des Vaters einen neuen Familiennamen Senatius abgeleitet, während das Gentil des ermordeten Sohnes Rogatinius vermutlich vom Cognomen Rogatinus des Grossvaters stammt.

Lit.: Mommsen, ICH 235; CIL XIII 5192; Riese 4033; Howald-Meyer 256.

144. Grabschrift für Philetus

Fragment einer Inschriftplatte aus feinem weissem Marmor, an einem unbekannten Ort im Kanton Freiburg gefunden, heute im Museum Murten. Masse: 15 × 10,5 × 3,5 cm, Buchstabenhöhe 1,5–2 cm.

Dis M[anibus] | *Phileto co[nservo]* | *b(ene) m(erenti) fecerun[t – – –]* | *Graptus Eudam[– – –]* | ⁵*et Otacilia [patrona].*

Den Manen. Für den Mitsklaven Philetus, den wohlverdienten Mann, haben Graptus, Eudam ... und Otacilia, die Patronin, diesen Stein setzen lassen.

Der griechische Name des Toten Philetus = Φίλητος deutet auf einen Sklaven oder Freigelassenen östlicher Herkunft. Die Erben, die den Stein setzen, sind ebenfalls Griechen: Graptus = Γραπτός von γράφω, Eudam... ein griechischer Name wie Εὐδάμας, Εὐδαμίδας, Εὐδάμιππος, Εὔδαμος. Am Schluss zeichnet die Patronin aus der wohlbekannten Honoratiorenfamilie der Otacilier in Avenches. Der Vorschlag für die Ergänzung von Zeile 2 stammt von H.-G.Pflaum.

Lit.: Ber. Röm. Germ. Komm. 17, 1927, No. 93; Staehelin, Schweiz[3] S. 478. Zur Familie der Otacilier in Avenches zuletzt H. Herzig, Jb. Bern. Museum 53/54, 1973/74, S. 35 ff.

DIS M
PHILETO C
B·M·FECERVN
GRAPTVSEVDA
ETOTACILLA

145. Grabstein für die Tochter des Maturius Caratilius

Unterer Teil eines Inschriftblockes aus Jurakalk, eingebaut in die Aussenwand des Chores des Kirchleins von Morrens (Fribourg). Masse: 52 × 52 × 42 cm, erhaltenes Schriftfeld 52 × 46 cm, Buchstabenhöhe 4–5 cm.

[– – – q]uae vixit | annos XXV | Matur(ius) Cara|tilius pater | [5]*p(onendum) [c(uravit)].*

– – – welche 25 Jahre lebte, hat Maturius Caratilius, ihr Vater, (diesen Stein) setzen lassen.

Der obere Teil der Inschrift mit dem Namen der Toten ist verloren. Der Familienname Maturius ist vom Cognomen Maturus abgeleitet. Der Beiname des Vaters zeigt, dass es sich um einen einheimischen Galloromer handelt: der erste Teil des Namens, *cara-*, kommt häufig in keltischen Namen vor (Caratacus, Caratillus, Carassounos usw.). Die früheren Ausgaben lesen irrtümlich *[qu]i vixit,* es handelt sich aber um die Tochter des Caratilius.

Lit.: CIL XIII 5034; Howald-Meyer 185. Zu den keltorömischen Namen vgl. Staehelin, Schweiz[3] S. 494 f.

146. Fragment einer Tempel-Bauinschrift

Bruchstück aus grauem Muschelkalk, gefunden 1887 im Lindwald bei Lenzburg (AG), heute aufbewahrt im Heimatmuseum Lenzburg. Masse: 61 × 51 × 30 cm; Buchstabenhöhe: Zeile 1 = 8 cm, Zeile 2 = 24 cm. Die Grösse der Buchstaben lässt vermuten, dass es sich um eine weit sichtbare Bauinschrift handelt.

[In honorem domus] divin[ae | Mercuri]o et [– – –].

Zu Ehren des Kaiserhauses ... dem Merkur und ... (geweiht).

Das Verbindungspartikel *et* zeigt, dass es sich um ein Götterpaar handeln muss, von dem der erste Name auf *o* endet: *[Mercuri]o*. In der Literatur wird das in Gallien verehrte Götterpaar Mercurius et Rosmerta oder Mercurius et Maia vorgeschlagen. Das römische Dorf, das in der Nähe des heutigen Lenzburg lag, hat also einheimischen Gottheiten einen Tempel errichtet, von dem heute keine Spuren mehr zu finden sind ausser dem Fragment der Bauinschrift.

Lit.: H. Lieb, Bern. Röm.-Germ. Komm. 40, 1959, No. 53.

147. Weihung an Diana

Fragment eines Weihaltars, 1872 in Königsfelden gefunden, heute im Steinsaal des Vindonissa-Museums Brugg. Masse: 43 × 27 × 39 cm, Buchstabenhöhe 4 cm.

[Dia]nae sa [cr(um) M(arcus) F]laccius | [M(arci)] f(ilius) | [Ruf]us vet(eranus) leg(ionis) | ⁵[... posui]t.

Der Diana geweiht. Marcus Flaccius Rufus, Sohn des Marcus, Veteran der ... Legion hat (den Stein) gesetzt.

Eine Weihung an die Jagdgöttin Diana ist für einen Legionsveteranen, der sich in der Nähe der Garnison angesiedelt hat, passend. Eine verwandte Widmung haben Bärenjäger hinterlassen, die vermutlich die Tiere für Hetzjagden im Amphitheater der Legion beschafften (No. 192). Der Familienname Flaccius, abgeleitet vom geläufigen Beinamen Flaccus, kommt auch in Oberitalien vor (CIL V 595 aus Triest), wo viele der Windischer Soldaten rekrutiert worden sind. Vor- und Beiname sind unsichere Ergänzungen. Welcher Einheit der Veteran angehörte, der 13., 21. oder 11. Legion, ist infolge der Verstümmelung der Inschrift unbekannt.

Lit.: CIL 5193.

148. Inschrift über den Neubau des Jupitertempels in Vindonissa

Fragment einer Kalksteinplatte, in Königsfelden gefunden, heute im Steinsaal des Vindonissa-Museums Brugg. Masse: 60 × 60 cm, Buchstabenhöhe 5 cm.

[I]n hono[rem domus divin(ae)] | Iovis templ[um incendio] | consu[mptum] | Asclepiades I [– – – Aug(usti)] | ⁵vernae disp(ensatoris) [vicarius] | vicanis Vind[onissensibus] | de suo re[stituit].

Zu Ehren des Kaiserhauses hat Asklepiades, Gehilfe des I . . ., des kaiserlichen Sklaven und Kassenvorstehers, den vom Feuer verzehrten Jupitertempel für die Dorfbewohner von Vindonissa aus eigenen Mitteln wiederhergestellt.

Der Stifter, ein kaiserlicher Sklave griechischer Herkunft, war Stellvertreter eines kaiserlichen Kassenführers, dessen Name nicht erhalten ist. Welche kaiserliche Kasse der Dispensator und sein Gehilfe in Vindonissa verwalteten, wissen wir nicht. In Augst ist ein kaiserlicher Dispensator für Kornspeicher bezeugt (No. 230). Auch die beiden Windischer Beamten könnten in der kaiserlichen Kornverwaltung tätig gewesen sein, also hier in der Heeresversorgung. Beide sind unfreien Standes, *verna* bedeutet den im Hause geborenen Sklaven, aber die Leibeigenen des Kaisers sind so reiche Herren, dass sie den Neubau eines Tempels zu stiften vermögen. Die Stiftung kommt der an das Legionslager angegliederten Zivilsiedlung, dem *vicus Vindonissensis*, zugute.

Lit.: CIL XIII 5194; Riese 2071; Howald-Meyer 266. Zum Begriff des Dispensators vgl. Liebenam, RE V 1189 ff. Über die Verwendung von Sklaven in der kaiserlichen Verwaltung vgl. H. Chantraine, Freigelassene und Sklaven im Dienst der römischen Kaiser, 1967. Zur kaiserlichen Getreideverwaltung in Helvetien Staehelin, Schweiz[3] S. 427 f.

149. Stiftung eines Ehrenbogens für Mars, Apollo und Minerva

Grosse Inschriftplatte, die im 15. Jahrhundert an der Aussenwand eines Privathauses in Brugg eingemauert war, heute im Steinsaal des Vindonissa-Museums Brugg. Masse: 87 × 50 cm, Buchstabenhöhe 2,5–7 cm.

Imp(eratore) T(ito) Vespasiano | Caesar(e) Aug(usto) VII co(n)s(ule) | Marti Apollini Minervae | ⁵arcum | vicani Vindonissenses | cur(antibus) T(ito) Urbanio Mattoni T(ito) | Valer(io) Albano L(ucio) Veturio Melo C(aio) Cottio | [Rufo Q(uinto) Sextio . . . .].

Unter der Regierung des Kaisers Titus Vespasianus, in seinem 7. Konsulat, haben die Dorfbewohner von Vindonissa dem Mars, dem Apollo, der Minerva diesen Bogen errichtet. Besorgt haben das Werk Titus Urbanius Matto, Titus Valerius Albanus, Lucius Veturius Melus, Gaius Cottius Rufus, Quintus Sextius...

Die Ehrung der drei klassischen Gottheiten gilt in Wahrheit den keltischen Hauptgöttern, welche die Gallier nach Caesar (bell. Gall. 6, 17) neben Merkur und Jupiter am meisten verehren. Die unten verstümmelte Namenliste der Männer, die den Bau besorgten, scheint das Mitgliederregister eines Vereins oder einer Körperschaft zu sein. Obwohl alle ihre römischen tria nomina angeben, handelt es sich um gallorömische Neubürger: die Beinamen Matto (der Ablativ müsste *Mattone* heissen) und Melus sind keltisch. Von den Familiennamen sind Valerius, Veturius, Sextius alte römische Gentilizien, Urbanius ein seltenes Nomen, Cottius der Geschlechtsname der einheimischen Fürsten in den Westalpen (Alpes Cottiae). Wie aus der Abbildung ersichtlich, ist die Platte aus zwei Stücken zusammengefügt. Der obere Teil enthält den Namen des Kaisers Titus mit der Angabe seines 7. Konsulates (= zugleich sein Regierungsantritt im Jahre 79), der untere die Stiftung des Bogens mit den Namen der stiftenden Bürger des Dorfes Vindonissa. Die drei Götternamen in der Mitte sind nach Buchstabenresten ergänzt. Frühere Forscher haben die Datierung in den ersten beiden Zeilen als unvollständig kritisiert: in der vollen Titulatur würde auch die 9. tribunizische Gewalt und der Mitkonsul des Kaisers erwartet. Sie halten deshalb die Götternamen für Einschub aus einer andern Inschrift und den Bogen für eine Weihung der Vicani zum Regierungsbeginn von Kaiser Titus. **Fortsetzung auf Seite 84**

IMP·T·VESPASIANO
CAESAR·AVG·VII·COS
MARTI·APOLLINI·MINERVAE
ARCVM
VICANI·VINDONISSENSE
CVR·TVRBANIO·MATTONI·ET
VALER·ALBANO·ET·TV...

150. Weihaltar des Marcus Masterna für die Abwehrgötter

Kleiner Weihaltar, gefunden 1882 in Brugg, heute im Steinsaal des Vindonissa-Museums Brugg. Masse: 50 × 30 cm, Buchstabenhöhe 2,5–3 cm.

Aram Avert(entibus) | *M(arcus) Master(na)* | *mil(es) leg(ionis) XI C(laudiae) p(iae) f(idelis)* | *c(enturiae) Crispi libe(n)s* | ⁵*posuit.*

Diesen Altar hat den abwehrenden Göttern Marcus Masterna, Soldat der 11. claudischen kaisertreuen Legion, aus der Zenturie des Crispus, gerne aufgestellt.

Die *dei avertentes,* die unheilabwehrenden, apotropäischen Götter sind Mächte des etruskischen Pantheons, die in Oberitalien auch während der Kaiserzeit noch verehrt wurden. Der Stifter mit dem etruskischen Namen Masterna hat seinen Glauben aus der Heimat mitgebracht. Die 11. Legion, wo er eingeteilt war, lag 70–101 in der Garnison Vindonissa (der Beiname *Claudia pia fidelis* wurde der Einheit für die Niederschlagung einer Rebellion gegen Kaiser Claudius im Jahre 42 zugeteilt). Ausser der Legion nennt der Soldat auch die Hundertschaft, von denen es 60 pro Legion gab und die nach ihren Hauptleuten, Centurionen, hiessen. Derselbe Masterna hat einen weiteren Götteraltar in Vindonissa gestiftet (No. 151).

Lit.: CIL XIII 5197; Riese 895; Howald-Meyer 297. Über die späten Wirkungen etruskischer Religion auf Oberitalien vgl. K. Prümm, Religionsgeschichtliches Handbuch für den Raum der altchristlichen Umwelt, 1943 S. 625. Zur Geschichte der 11. Legion: E. Ritterling, RE XII Sp. 1690 ff.

Fortsetzung von Seite 82

Lit.: Mommsen, ICH 245; CIL XIII 5195; Riese 2070; Howald-Meyer 265. Über die keltische Göttertrias vgl. Staehelin, Schweiz³ S. 538. Liste der bekannten Triumphbögen bei Kähler, RE VII A, Sp. 414 ff. Letzte ausführliche Behandlung der Inschrift: R. Frei-Stolba, Jahresber. Gesellsch. Pro Vindonissa 1976, S. 7 ff.

151. Altar für die Götter und Göttinnen des Marcus Masterna

Guterhaltener Weihaltar, gefunden in Windisch, heute im Steinsaal des Vindonissa-Museums in Brugg. Masse: 50 × 18 × 10 cm, Buchstabenhöhe 2–3 cm.

Deum dea|rum aram | posuit M(arcus) | Masterna | ⁵miles leg(ionis) XI C(laudiae) | p(iae) f(idelis) c(enturiae) Crispi l(ibens) p(osuit).

Einen Altar für die Götter und Göttinnen stellte Marcus Masterna auf, Soldat der 11. kaisertreuen Legion, aus der Zenturie des Crispus. Gern stellte er ihn auf.

Der Stifter des vorigen Altars (No. 150) widmet hier einen zweiten kleinen Altar «den Göttern und Göttinnen». Welche Gottheiten gemeint sind, wird nicht namentlich angegeben. Man wird entsprechend der etruskischen Herkunft des Soldaten feindliche Dämonen annehmen, an denen die etruskische Religion reich war und die mit Namen zu nennen nicht geraten war. Auch der griechische Glaube kennt solche unheimlichen Götter, die zu bezeichnen vermieden wird.

Lit.: CIL XIII 11501; Riese 896; Howald-Meyer 296. Über etruskische Todesdämonen *(dii involuti)* vgl. C. Clemen, Die Religion der Etrusker, 1936, S. 23 f.; E. Wüst, RE Suppl. VIII Sp. 163 ff. s. v. Erinys.

DEVM·DEA
RVM·ARAM
POSVIT·M
MASTERNA
MILES·LEG·XI C
P·F ⊃ CRISPI·P·

152. Weihaltar des Quintus Nicennius für die Gottheiten der Kreuzwege

Kleiner Weihaltar, gefunden 1852 in Windisch, heute im Landesmuseum Zürich. Masse: 67 × 28 × 20 cm, Buchstabenhöhe 1,5–3,5 cm.

Quadruvi|s pro se et s|uis votum so|lvit Q(uintus) Nicenn|⁵ius [...]us veter|an[us] leg(ionis) I .. fec(it) | [l]ibe(n)s merito.

Den Kreuzweggöttinnen erfüllte für sich und die seinen sein Gelübde Quintus Nicennius ... us, Veteran der .. Legion. Er tat es gern und nach Gebühr.

Dass die Wegkreuzungen unter den Schutz eigener Gottheiten gestellt wurden, entspricht dem alten Wander- und Händlervolk der Kelten. Die römischen Soldaten als die grössten Marschierer der Kaiserzeit haben diese Sitte übernommen. Der Name des Stifters, Nicennius, ist sonst nicht bekannt; eine Datierung der Inschrift ist schwer möglich, da die Legionsziffer unvollständig erhalten ist.

Lit.: Mommsen, ICH 247; CIL XIII 5198; Riese 3477; Howald-Meyer 306. Zu den Kreuzweggöttern vgl. K. Prümm, Religionsgeschichtliches Handbuch für den Raum der altchristlichen Umwelt, 1943, S. 777 f.

QVADRVI
S P R OS E E T S
VIS VOTVM SO
LVIT I I I C E N N
A V V S V I
A V L E G I T C
T B E MER IO

153. Fragmente einer Bauinschrift aus dem Legionslager Vindonissa

Zwei Bruchstücke einer grossen Inschriftplatte, das grössere 1860 in Altenburg (Masse: 140 × 90 cm, Buchstabenhöhe 12–17 cm) gefunden, das kleinere 1893 im Schutzgitter für die Habsburger Sarkophage in der Kirche von Königsfelden (Buchstabenhöhe 15 cm). Heute sind beide Teile im Steinsaal des Vindonissa-Museums Brugg aufbewahrt.

[Ti(berio) Claudi]o Caesare [Augusto Germanico pont(ifice) m(aximo) | tribunici]a potestat(e) X[I] im[p(eratore) ... co(n)s(ule) V p(atre) p(atriae) censore | P(ublio) Calvisio Sabi]no Pomponio Secund[o legati Augusti pr(o) pr(aetore) | – – –]o legato Augu[s]ti (capr.) [leg(io) XXI Rapax].

Unter der Regierung des Kaisers Tiberius Claudius Augustus Germanicus, Pontifex maximus, im 11. Jahr seiner tribunizischen Gewalt, zum ...mal Imperator, zum fünftenmal Konsul, Vater des Vaterlandes, Censor, unter dem kaiserlichen Statthalter Publius Calvisius Sabinus Pomponius Secundus, unter dem Legionskommando des ... (hat) die 21. Legion, Rapax, (dies gebaut).

Die Inschrift aus der Zeit des Kaisers Claudius (41–54 n. Chr.) ist nicht sicher aufs Jahr zu datieren, da die Zahl der kaiserlichen Tribunicia Potestas nicht ganz erhalten ist. Meist wird sie zu XI (= 51 n. Chr.) ergänzt. Pomponius Secundus, Konsul im Jahre 44, war Legat des oberrheinischen Heeres in den Jahren 50 und 51 (Tac. ann. 12, 27–28). Der Name des Legionskommandanten dieser Zeit ist unbekannt. Zwischen seinem Namen und demjenigen der Legion am Ende der 4. Zeile ist das Tierkreiszeichen des Capricorn («Ziegenfisch»), das Wappentier der Legion, eingesetzt. Um welchen Bau im Lager es sich handelt, wissen wir nicht.

Der vollständige Text beider Teile dürfte folgende Form gehabt haben:

TI CLAVDIO CAESARE AVGVSTO GERMANICO PONT MAX
TRIBVNIC POTESTAT XI IMP – – COS V P P CENSORE
P CALVISIO SABINO POMPONIO SECVNDO LEGATO AVGVSTI PR PR
– – – – O LEGATO AVGVSTI *(capricorn.)* LEGIO XXI RAPAX

Lit.: F. Keller, Anhang zu Mommsen, ICH 29 (nur oberer Teil) = CIL XIII 5200; CIL XIII 11515 (beide Teile); Riese 27; Howald-Meyer 271; Staehelin, Schweiz[3] S. 174 f. Über Pomponius Secundus, der auch als Tragödiendichter bekannt war, Hanslik, RE XXI Sp. 2356 f.

154. Fragmente einer Bauinschrift aus dem Legionslager Vindonissa

Zwei Bruchstücke aus feinem weissen Marmor von der Bauinschrift eines grossen Gebäudes im Lager Vindonissa. Das untere, unverwitterte Stück wurde 1842 unter dem Strassenpflaster der Storchengasse in Brugg, das obere, mehr verwitterte, 1872 beim Niederreissen des oberen Tores in Baden gefunden. Beide Fragmente sind heute im Steinsaal des Vindonissa-Museums Brugg. Buchstabenhöhe 16–23 cm.

[Ti(berio)] Claudio [Caesare] Augusto [Germ(anico)] | P(ublio) Calv]isio Sabino [Pomponio Se]cundo leg(ato) Au[g(usti) pro pr(aetore)] | legio [XXI].

Unter der Regierung von Kaiser Tiberius Claudius Germanicus, unter dem kaiserlichen Provinzstatthalter Publius Calvisius Sabinus Pomponius Secundus, unter dem Legionskommandanten – – – (hat) die 21. Legion (diesen Bau erstellt).

Die Rekonstruktion der Inschrift aus den beiden Fragmenten ist nicht ganz sicher zu erreichen, weshalb verschiedene Ergänzungen bestehen. Wir folgen dem Vorschlag von Ernst Meyer. Zur Datierung des Militärbaus werden drei Regierungsdaten angegeben, die Regierungszeit Kaiser Claudius' (41–54 n. Chr.), die Amtsperioden des obergermanischen Statthalters in Mainz und des Kommandanten der Legion in Vindonissa. Ein P. Calvisius Sabinus Pomponius Secundus war wahrscheinlich im Jahre 50 n. Chr. Kommandant des obergermanischen Heeres, zu welchem auch die Legion in Vindonissa gehörte (eine eigentliche obergermanische Provinz gab es zwar erst seit Domitian, der kaiserliche Gouverneur in Mainz amtete vorher nur als Befehlshaber der Garnisonen von Mainz, Strassburg und Windisch. Der Name des Legionsgenerals von Vindonissa ist ausgefallen. Es muss sich um die Legio XXI Rapax gehandelt haben, welche 45–71 in Vindonissa lag. Ihre Ziffer XXI ist nach den Kämpfen des Jahres 69 n. Chr. von den Helvetiern ausgemeisselt worden, welche Tilgung auf der Inschrift noch sichtbar ist.

Lit.: Mommsen, ICH 248 (nur unteres Fragment); CIL XIII 5201 und 5237; Riese 28; Howald-Meyer 270. Zum Statthalter Pomponius Secundus: Stein-Ritterling, Fasti des römischen Deutschland unter dem Prinzipat, 1932, S. 15.

155. Fragment einer Renovations-Inschrift aus dem Legionslager Vindonissa

In zahlreiche Stücke zerbrochene Kalksteinplatte, gefunden 1854 in Altenburg, heute im Steinsaal des Vindonissa-Museums Brugg. Masse der ergänzten Platte: 155 × 70 cm, Buchstabenhöhe 8–9 cm.

[– – – f]elix [Augu]stus | [– – –] Caesar murum [– – –] militari restitue | [runt curante – – – prae]s(ide) prov(inciae) G(ermaniae) s(uperioris) qui con | ⁵[fecit – – –] iter(um) co(n)s(ulibus) . . .

Kaiser . . . und . . . Caesar haben die Mauer . . . durch das Militär wiederherstellen lassen, unter Aufsicht des . . . . Statthalters der Provinz Obergermanien, welcher das Werk vollendete im Jahre der Konsuln . . .

Es handelt sich um die Restaurations-Inschrift der Lagermauer von Vindonissa, welche nach dem Abzug der 11. Legion verfallen war und nach den Alamanneneinfällen des 3. Jh. wieder aufgebaut werden musste. Das Datum dieser Renovation hat Mommsen aus der 5. Zeile der Inschrift bestimmt, wo ein Konsul angegeben war, der dieses Amt zum zweitenmal verwaltete (*iter(um):* auf der Photographie schwer lesbar). Es muss sich um die Konsuln des Jahres 260 n. Chr. handeln, P. Cornelius Saecularis und C. Iunius Donatus, beide zum zweitenmal Konsuln. Aus dieser Angabe kann dann der Kaiser Gallienus und sein Kronprinz Saloninus erschlossen werden. Der Provinzstatthalter – seit Mitte des 3. Jh. heissen sie nicht mehr Legati, sondern Praesides –, der die Bauarbeit geleitet hat, ist nicht bekannt. Der Neubau des Lagers kurz nach dem Alamanneneinfall von 260 ist auch archäologisch nachweisbar. Mit allen Vorbehalten sei folgende Rekonstruktion der Inschrift vorgeschlagen:

IMPERATOR CAESAR P LICINIVS EGNATIVS GALLIENVS PIVS FELIX
AVGVSTVS | ET P CORNELIVS LICINIVS SALONINVS VALERIANVS
NOBIL CAESAR MVRVM | CASTRORVM VINDONISSENSIVM VETVSTATE
DILAPSVM MANV MILITARI RESTITVE|RVNT CVRANTE – – – PRAES PROV
G S QVI CON|⁵FECIT P CORNELIO SAECVLARI ITER C IVNIO DONATO
ITER COSS

Lit.: F. Keller, Anhang zu Mommsen, ICH 31; CIL XIII 5203; Riese 279; Howald-Meyer 294; H. Lieb, Jahresbericht Pro Vindonissa 1948/49, S. 22 ff. Zu den Bauten des Lagers Vindonissa: E. Ettlinger, RE IX A, Sp. 94.

FELIX · AVGVSTVS
CAESAR · MVRVM
MILITARI RESTITVE
PRAE S PROV G S QVI CON
COSS

156. Grabstein des Centurio Caius Allius Oriens aus Dertona

Grosse Kalksteinplatte, 1864 bei Brugg gefunden, heute im Steinsaal des Vindonissa-Museums. Masse: 195 × 62 cm, Buchstabenhöhe 4,5–7 cm. Unter der Inschrift sind in Relief die Dekorationen des Toten angebracht.

C(aius) Allius C(ai) f(ilius) | Pom(ptina tribu) Oriens | domo Dert(ona) | c(enturio) leg(ionis) XIII Gem(inae).

Caius Allius Oriens, Sohn des Caius, aus der Tribus Pomptina, von Dertona, Centurio der 13. Zwillingslegion.

Die Familie der Allii, aus welcher der bei Vindonissa begrabene Hauptmann stammt, ist in Italien seit der späten Republik bekannt. Ein Freund Catulls, an den er Gedicht 68 richtete, hiess so. Oriens, «einer, der sich erhebt, ein Aufstrebender», ist als Beiname selten. Die Heimatgemeinde des Toten, Dertona (Tortona in Ligurien) ist Kolonie seit dem Ende des 2. Jh. v. Chr. Seine Bürger sind in der römischen Stimmtribus Pomptina eingeschrieben. Die 13. Legion war die erste Einheit, welche nach Gründung des Lagers Vindonissa in Helvetien einrückte (16 n. Chr.) und bis ins Jahr 45/46 dort blieb. Aus derselben Zeit kennen wir noch einen andern Centurionen der Legion mit Namen C. Allius, der ein Verwandter des Toten gewesen sein mag (CIL XI 1933).

Unter der Inschrift sind im Relief die Dekorationen abgebildet, die der Centurio während seiner Dienstzeit erhalten und auf die sein Dienstgrad Anspruch hatte: 3 Kränze mit Schleifen (*Coronae aureae*, aus Goldblech angefertigt), 2 Halsreifen (*torques*, aus Silber, immer paarweise verliehen), 2 Armreifen (*armillae*, aus Gold, stets paarweise verliehen), 9 Ehrenscheiben (*phalerae* mit Reliefverzierungen, aus Edelmetall, ebenfalls nur in mehreren Exemplaren vergeben). *Torques, armillae* und *phalerae* werden nur an Mannschaftsgrade bei besonderen militärischen Leistungen verliehen, *coronae aureae* nur an Centurionen. Die höheren Chargen bekommen andere Dekorationen. Bei Paraden oder Inspektionen trugen die Soldaten ihre Auszeichnungen auf der Brust. Da die Metallabzeichen schwer wogen, benötigten sie dazu ein eigenes Riemen-Traggeflecht über dem Oberkörper, was auf einzelnen Grabsteinen abgebildet ist. Aus den Abzeichen ersieht man, dass Allius als *miles* begonnen und es bis zum Hauptmann gebracht hatte. **Fortsetzung auf Seite 100**

157. Grabstein des Soldaten Marcus Apronius Secundus

Grosse Grabplatte, gefunden 1794 in Windisch, heute im Steinsaal des Vindonissa-Museums Brugg. Masse: 225 × 65 cm, Schriftfeld 95 × 48 cm, Buchstabenhöhe 4–6 cm.

M(arcus) Apronius | M(arci) f(ilius) Vol(tinia tribu) Secu|ndus Luco Aug(usti) | miles leg(ionis) XI C(laudiae) p(iae) f(idelis) | ⁵c(enturiae) Veli Fusci anno(rum) | XXXVII stipendio|ru(m) [X]VII h(ic) s(itus) est | testamento fieri | iussit heredes | ¹⁰faciundu(m) curar|unt.

Marcus Apronius Secundus, Sohn des Marcus, von der Bürgertribus Voltinia, aus Lucus Augusti, Soldat der 11. claudischen, kaisertreuen Legion, in der Zenturie des Velius Fuscus eingeteilt, 37 Jahre alt, mit 17 Dienstjahren liegt hier begraben. Er hat diesen Stein durch Testament setzen lassen. Die Erben haben für die Ausführung gesorgt.

Der Name des Toten ist M. Apronius Secundus, sein Vater hiess mit Vornamen ebenfalls Marcus. Üblicherweise wird auf den Inschriften zwischen Vatersnamen und Beinamen die Tribus des römischen Bürgerregisters eingefügt. Sie ist, wie aus dem Heimatort Lucus Augusti (das heutige Luc-en-Diois, Drôme) hervorgeht, die Tribus *Voltinia*. Der Steinmetz hat diese Angabe missverstanden und statt dessen FVLVIVS eingeschwärzt. Die Apronii sind ein altes römisches Bürgergeschlecht, das schon im 3. Jh. v. Chr. vorkommt und in der frühen Kaiserzeit verschiedentlich das Konsulat bekleidete. Vielleicht hat einer dieser vornehmen Apronier der Familie aus Luc-en-Diois das römische Bürgerrecht verschafft. Wenn der Soldat mit 37 Lebensjahren und 17 Dienstjahren gestorben ist, wurde er – wie üblich – mit 20 rekrutiert. Die 11. Legion lag 70–101 in Vindonissa. Der Centurio Velius Fuscus, in dessen Hundertschaft Apronius diente, ist nur aus dieser Inschrift bekannt.

Lit.: Mommsen, ICH 251; CIL XIII 5207; Riese 904; Howald-Meyer 277. Zur 11. Legion vgl. E. Ritterling, RE XII Sp. 1690 ff. (Sp. 1704 f. Angaben über die Heimat der Soldaten).

158. Grabstein des Genie-Soldaten Marcus Iulius Maximus

Auf der linken Seite abgebrochener Grabstein, gefunden 1837 zwischen Königsfelden und Windisch, heute im Landesmuseum Zürich. Masse: 167 × 60 × 21 cm, erhaltenes Schriftfeld 93 × 45 cm, Buchstabenhöhe 5–7 cm.

[M(arco) I]ulio M(arci) f(ilio) | [Qui]r(ina tribu) Maxim(us) | [A]ugusto | [ne]meto mil(es) | ^{5}[leg(ionis)] XI C(laudiae) p(iae) f(idelis) | [sti]p(endiorum) VIII stru|[ct(ori)] ....]us | [Ve]getus mil(es) | [le]g(ionis) eiusdem | ^{10}[h]eres eius feci(t).

Für Marcus Iulius Maximus, Sohn des Marcus, aus der Bürgertribus Quirina, von Clermont-Ferrand, Soldat der 11. claudischen, kaisertreuen Legion, mit 8 Dienstjahren, Bauhandwerker, hat ..... us Vegetus, Soldat aus derselben Legion, sein Erbe, (diesen Stein) machen lassen.

Jede Legion verfügte in ihrem Bestand über eine Anzahl von Technikern und Handwerkern, die für die Bauten in der Garnison oder auf den Feldzügen eingesetzt wurden. Structor ist die Fachbezeichnung für den Maurer. Unter der Inschrift sind seine Werkzeuge, Zirkel und Winkel, in Relief wiedergegeben. Die Heimat des Toten, Augustonemetum, ist die von Augustus geschaffene Hauptstadt der Arverner in der Gallia Aquitania, das heutige Clermont-Ferrand. Diese Stadt scheint immer peregrine Civitas geblieben zu sein, weshalb das Bürgerrecht der Familie des Soldaten viritim, d. h. ad personam, nicht der ganzen Gemeinde erteilt worden ist. Rekrutierungen aus der Gallia Aquitania sind selten: Forni nennt nur 6 Aquitanier, die in den ersten drei Jh. n. Chr. für die Legionen ausgehoben worden sind.

Lit.: Mommsen, ICH 253; CIL XIII 5209; Riese 907; Howald-Meyer 279. Die Provinzen, aus welchen die Legionäre rekrutiert worden sind, bei G. Forni, Il reclutamento delle legioni da Augusto a Diocleziano, 1953, S. 157 ff.

Fortsetzung von Seite 96

Lit.: F. Keller, Nachtrag zu Mommsen, ICH 37; CIL XIII 5206; Riese 913/4; Howald-Meyer 273. Über die 13. Legion: E. Ritterling, RE XII Sp. 1710 ff. Über die militärischen Orden: P. Steiner, Die dona militaria, Bonner Jahrbücher 114, 1906, SS. 1–98 (unser Stein = Tafel II 3).

159. Grabstein des Soldaten Quintus Lucilius Pudens

Grosser Grabstein aus Jurakalk, 1856 in Gebenstorf gefunden, heute im Steinsaal des Vindonissa-Museums Brugg. Masse: 150 × 68 cm, Schriftfeld 55 × 51 cm, Buchstabenhöhe 3,5–5 cm. Die Totenmahlszene über der Inschrift ist zur Hälfte abgeschlagen.

Q(uintus) Lucilius Q(uinti) f(ilius) | Vot(uria tribu) Pudens Ber|gomi mil(es) leg(ionis) XI | C(laudiae) p(iae) f(idelis) c(enturiae) Gelli Agrico|⁵lae ann(orum) XXXIII stip(endiorum) | XIIII h(ic) s(itus) e(st) | her(es) fac(iendum) cur(avit).

Quintus Lucilius Pudens, Sohn des Quintus, aus der Bürgertribus Voturia, von Bergamo, Soldat der 11. claudischen kaisertreuen Legion, aus der Centurie des Gellius Agricola, 33 Jahre alt mit 14 Dienstjahren, liegt hier begraben. Sein Erbe hat (den Stein) setzen lassen.

Die Lucilier sind ein altes italisches Geschlecht, von dem der Begründer der lateinischen Satire abstammt (180–102 v. Chr.). Der Tote stammt aus der oberitalischen Stadt Bergamo, die seit der Bürgerrechtserteilung durch Caesar in die Stimmcenturie Voturia eingeschrieben war. Wie die Zahlen vom Lebens- und Dienstalter angeben, wurde er mit 19 Jahren rekrutiert. Der Centurio Gellius Agricola ist ausser durch diese Inschrift nicht bekannt. Da die 11. Legion im Jahre 101 n. Chr. nach Pannonien verlegt wurde, muss der Grabstein in den Jahren 70–101 aufgerichtet worden sein. Soldatengrabsteine mit Totenmahlszenen sind im Rheinland relativ häufig. Dargestellt wird auf den Reliefs der Tote, auf einem Ruhebett seitlich liegend mit einer Schale in der Hand, vor ihm ein Tisch mit Gefässen und neben dem Tisch meist die stehende Figur eines Sklaven oder Familienmitgliedes. Ob aus den Totenmahlreliefs Schlüsse auf religiöse Vorstellungen gezogen werden dürfen, ist ein altes Problem der archäologischen Forschung.

Lit.: Keller Appendix zu Mommsens ICH 36; CIL XIII 5210; Riese 897; Howald-Meyer 280. Zur 11. Legion: Ritterling, RE XII 1690 ff. Beispiele von Soldatengrabsteinen mit Totenmahlreliefs in Germania Romana (herausg. v. F. Koepp) Bd. III 1926[2].

Q·LVCILIVS·Q·F
VOT·PVDENS·BER
GOMI·MIL·LEG·XI
C·P·OGELIA·SIRIC
LAE·AN·XXXIII·STIP
XIIII   H·S·E
HER·FAC·CVR

160. Grabschrift des Soldaten Marcus Magius Maccaus

Kalksteinplatte, welche früher im Kirchturm von Gebenstorf eingemauert war, heute an der Innenseite der Hauptpforte der protestantischen Kirche Gebenstorf. Der Stein stammt aus dem römischen Soldatenfriedhof Gebenstorf. Masse: 69 × 44 cm, Buchstabenhöhe 3–5,5 cm.

M(arcus) Magius M(arci filius) Pob(lilia tribu) Mac|caus Verona mil(es) leg(ionis) XI C(laudiae) p(iae) f(idelis) | c(enturiae) Marci Modesti ann(orum) XXXIII | [5]ex testamento h(eredes) f(aciendum) c(uraverunt) | L(ucius) Ennius Secundus | Q(uintus) Romanius Verecundus | h(ic) s(itus) e(st).

Marcus Magius Maccaus, Sohn des Marcus, aus der Bürgertribus Poblilia, von Verona, Soldat der 11. claudischen, kaisertreuen Legion, aus der Centurie des Marcius Modestus, 33 Jahre alt. Gemäss seinem Testament haben die Erben (den Stein) setzen lassen, Lucius Ennius Secundus, Quintus Romanius Verecundus. Hier liegt er begraben.

Der Soldat aus Verona, der zwischen 70 und 101 in Vindonissa begraben und frühestens um das Jahr 37 n. Chr. geboren worden ist, zeigt durch seine Namen, woher seine Familie ursprünglich stammt: Die Magii sind ein Geschlecht aus Capua und scheinen schon bei der Gründung der Kolonie Verona 89 v. Chr. von Süditalien an die Etsch gekommen zu sein. Auch den Beinamen Maccaus oder Maccaeus rechnet W. Schulze zu den oskisch-etruskischen Eigennamen. Von den beiden Erben trägt der eine, Ennius, ebenfalls einen alten unteritalischen Familiennamen, der andere, Romanius, ein Gentile, das auf eine alte etruskische Familie zurückgehen dürfte. Vermutlich stammen die beiden aus derselben Heimat wie der Tote. Der Centurio Marcius Modestus wird nur hier genannt.

Lit.: Mommsen, ICH 254; CIL XIII 5211; Riese 901; Howald-Meyer 282. Zur Geschichte der 11. Legion: Ritterling, RE XII 1690 ff. Zu den italischen Namen: W. Schulze, Zur Geschichte lateinischer Eigennamen, 1904.

161. Grabstein des Soldaten Publius Tettius Vala

Bruchstück eines Soldatengrabsteines, gefunden 1856 in Gebenstorf, heute im Steinsaal des Vindonissa-Museums Brugg. Masse: 50 × 49 cm, Buchstabenhöhe 5 cm.

P(ublio) Tettio P(ublii) I(illo) | [C]or(nelia tribu) Valae | [m]il(iti) leg(ionis) XI | [C(laudiae) p(iae) f(idelis) vixit ann(os) XXI | – – –].

Für Publius Tettius Vala, Sohn des Publius, aus der Bürgertribus Cornelia, Soldat der 11. claudischen, kaisertreuen Legion. Er lebte 21 Jahre ...

Der Soldat, der in den Jahren 70–101 nach nur ein- bis zweijähriger Dienstzeit begraben wurde, hat den altrömischen Familiennamen Tettius. Die Tettii oder Tetii sind eine etruskische Familie, die noch Nachfahren in der berühmten Töpferei von Arezzo in der frühen Kaiserzeit besass. Auch der Beiname Vala dürfte etruskischen Ursprungs sein. Woher der Verstorbene stammte, ist in der Grabschrift nicht angegeben. Da die Tribus Cornelia in den oberitalischen Städten nicht vorkommt, aber in der Kolonie Iulia Equestris (Nyon) am Genfersee, wird man auf diese nahe Heimat des Soldaten schliessen, wenn man nicht den ferner gelegenen umbrischen Städten Matilica, Camerinum, Fulginium, die ebenfalls zur Cornelia gehören, den Vorzug geben will. – Das Ende der 4. Zeile war früher noch erhalten, so dass Mommsen die Zahl des Lebensalters XXI lesen konnte.

Lit.: Keller, Nachtrag zu Mommsen, ICH 34; CIL XIII 5212; Riese 909; Howald-Meyer 283. Zur Bestimmung der Namenherkunft: W. Schulze, Zur Geschichte lateinischer Eigennamen, 1904.

162. Grabschrift des Soldaten Caius Vegelo Rufus

Kalksteinplatte, gefunden 1856 in Gebenstorf, heute im Steinsaal des Vindonissa-Museums Brugg. Masse: 73 × 51 cm, Buchstabenhöhe 2–5 cm.

C(aius) Vegelo C(ai) f(ilius) Ani(ensi tribu) | Rufus Cremona | miles leg(ionis) XI C(laudiae) p(iae) f(idelis) | c(enturiae) Metti Firmi ann(orum) XL | ⁵stip(endiorum) XXI. Hic situs est. Sit t[ibi] terra | levis C(aius) Graccius Saturn[in]us | h(eres) f(aciendum) [c(uravit)].

Caius Vegelo Rufus, Sohn des Caius, aus der Bürgertribus Aniensis, von Cremona, Soldat der 11. claudischen, kaisertreuen Legion, aus der Centurie des Mettius Firmus, 40 Jahre alt mit 21 Dienstjahren, liegt hier begraben. Sei dir die Erde leicht. Caius Graccius Saturninus, sein Erbe, hat (den Stein) setzen lassen.

Der Tote trägt einen der wenigen römischen Familiennamen auf -o, die W. Schulze auf etruskische Namengebung zurückführt. Seine Heimatstadt Cremona ist römische Kolonie aus der Hannibalzeit, hat aber noch unter Augustus zusätzliche Siedler erhalten. Wir wissen nicht, ob die Familie des Vegelo aus diesen neuen Siedlern stammt oder aus den alteingesessenen Geschlechtern von Cremona. Der Verstorbene weist eine aussergewöhnlich lange Dienstzeit auf, denn die normale Dienstverpflichtung von der Rekrutierung bis zur Entlassung beträgt 20 Jahre. Vegelo ist aber nicht als Veteran angegeben, er muss also noch als aktiver Soldat im letzten Dienstjahr gestorben sein. – Der Familienname des Erben Graccius kommt auch in Aventicum vor (NN. 76 und 113); möglicherweise ist das ein Verwandter des hier genannten Erben.

Lit.: Keller, Nachtrag zu Mommsen, ICH 35; CIL XIII 5216; Riese 900; Howald-Meyer 287. Über den Namen Vegelo: W. Schulze, Zur Geschichte der lateinischen Eigennamen, 1904, S. 301.

C(aius) Vegelo C(ai) f(ilius)
Rufus Cremona
miles leg(ionis) XI C(laudiae) p(iae) f(idelis)
(centuria) Metti Firmi annorum XL
stip(endiorum) XXI h(ic) s(itus) est s(it) t(ibi) terra
levi(s) C(aius) Graccius Saturn(inus)
h(eres) f(aciendum) (curavit)

163. Grabstein des Soldaten Titus Vitellius Felix

Der Grabstein ist im Mittelalter von oben nach unten entzweigesägt, der linke Teil als Türsturz, der rechte als Schwelle in einem Privathaus von Windisch verbaut worden. Nur auf der linken Hälfte ist die Inschrift noch lesbar. Heute im Steinsaal des Vindonissa-Museums Brugg. Masse (nur linke Hälfte): 143 × 30 × 25 cm, erhaltenes Schriftfeld 95 × 26 cm, Buchstabenhöhe 4,5–6 cm.

T(itus) Vite[llius] | Ser(gia tribu) Fe[lix F(oro)] | Cla(udii) m[il(es)] leg(ionis) XI] | C(laudiae) p(iae) f(idelis) c(enturiae) [.....] | ⁵pri qui [vixit] | ann(os) X[XXX stip(endiorum)] | XVIII [h(ic) s(itus) e(st)] | C(aius) Critt[....] | h(eres) [f(aciendum) c(uravit)].

Titus Vitellius Felix, aus der Bürgertribus Sergia, von Martigny, Soldat der 11. claudischen, kaisertreuen Legion, aus der Centurie des ... prus, der 40 Jahre lebte und 18 Dienstjahre hatte, liegt hier begraben. Sein Erbe Caius Critt ... hat (diesen Stein) setzen lassen.

Da die Hälfte der Inschrift fehlt, ist sie nicht sicher zu ergänzen. Der Familienname Vite... wird meist zu Vitellius ergänzt, könnte auch Vitennius gelautet haben. Vitellius ist ein alter patrizischer Familienname, den der Kaiser des 4-Kaiser-Jahres 69 trug, Vitennius kommt aus dem mittelitalisch-etruskischen Bereich. Den Heimatort ... Cla .. hat Mommsen zu Forum Claudii, das ist das heutige Martigny, ergänzt. Dazu stimmt, dass ein späterer Bewohner von Martigny ebenfalls in der Tribus Sergia eingeteilt war. Auch die römischen Bürger von Aosta hatten dieselbe Tribus. Wenn die Kombination richtig ist, müsste der Rekrut aus dem Unterwallis das römische Bürgerrecht besessen haben, bevor die Civitas des Wallis es bekam. Staehelin vermutet als Zeitpunkt dafür die Regierung Hadrians. Die Rekrutierung eines Wallisers in die 11. Legion ist allerdings singulär. Die meisten Rekruten der Legion stammen aus Oberitalien.

Lit.: Mommsen, ICH 258; CIL XIII 5217; Riese 910; Howald-Meyer 289. Zum Namen Vitennius: W. Schulze, Zu den lateinischen Eigennamen, 1904, S. 257. Zur Geschichte des Wallis: Staehelin, Schweiz[3] S. 159 f., 250 ff.

164. Fragment einer Inschrift der Gemüsehändler

Kleines Fragment einer Kalksteinplatte, gefunden 1852 in Windisch. Heute im Landesmuseum Zürich. Masse: 18 x 18 x 9 cm, Buchstabenhöhe 3,5–4 cm.

[. . . . n]egotia[tores | sals]ari leg[uminari | ci]ves Ro[mani | . . .]es qu[i . . .].

. . . die Händler mit eingesalzenem Gemüse, römische Bürger . . ., welche . . .

Um jedes römische Lager bestand eine Zivilsiedlung, in der sich Handelsgenossenschaften angesiedelt hatten, die den Soldaten Nahrungsmittel und Gegenstände des täglichen Gebrauchs verkauften. Diese Gesellschaften nennen sich Corpora oder Collegia und sind vereinsmässig organisiert. Es gibt Handelsvereine für Wein, Öl, Spezereien usw. Die Negotiatores salsamentarii handeln mit Fischkonserven, die Salsarii leguminari mit eingesalzenen Hülsenfrüchten und Oliven. Zu welchem Zweck die Händler die Inschrift setzten, ist nicht bekannt. Es kann sich um die Stiftung eines Vereinshauses, eines Weihaltares an die Götter oder um eine Ehreninschrift für den Kaiser oder einen hohen Beamten gehandelt haben.

Lit.: Mommsen, ICH 261; CIL XIII 5221; Riese 2072; Howald-Meyer 267. Zu den römischen Handelsgenossenschaften in der Provinz: J.-P. Waltzing, Étude historique sur les Corporations professionnelles chez les Romains, Vol. IV, 1900, S. 109 f. Zum römischen Vereinswesen: W. Liebenam, Zur Geschichte und Organisation des röm. Vereinswesens, 1890. Vorliebe für gesalzene Gemüse: J. Marquardt, Das Privatleben der Römer I^2, 1886, S. 325 f.

GOTA
ARILES
VESRG

165. Weihung des Lucius Munatius Gallus an Apollo

Bruchstück eines Weihaltars, gefunden in Unterwindisch 1912, heute im Steinsaal des Vindonissa-Museums Brugg. Masse: 55 × 55 cm, Buchstabenhöhe 7–8 cm.

Apollini | *L(ucius) Munatius M(arci)* | *f(ilius) Ter(etina tribu) Gallus.*

Dem Apollo, Lucius Munatius Gallus, Sohn des Marcus, aus der Bürgertribus Teretina ...

Der Altar stammt aus demselben heiligen Bezirk, wo auch der Nymphenaltar No. 167 gefunden worden ist. In der klassischen Mythologie werden die Nymphen oft als Begleiterinnen Apollos dargestellt. Der Weihende muss ein Mitglied der berühmten Munatier-Familie sein, deren bedeutendster Vertreter, Lucius Munacius Plancus, augusteischer Politiker und Gründer von Lyon und Augst war. Aller Wahrscheinlichkeit nach ist Gallus der aus verschiedenen Inschriften bekannte Senator Traianischer Zeit: Er war in den neunziger Jahren Kommandant der 11. Legion, avancierte 100 n. Chr. zum Befehlshaber des afrikanischen Heeres und wurde danach Konsul. Der Dichter Martial widmete ihm das Epigramm 10, 33 seiner Gedichtsammlung.

Lit.: CIL XIII 11500; Riese 2634; Howald-Meyer 298. Ämterlaufbahn des Munatius Gallus bei Groag, RE XVI Sp. 538 ff. (No. 21).

166. Weihung des Sklaven Nyisus an Fortuna

Kleines Weihaltärchen, gefunden in Windisch, seit 1904 im Museum Brugg, heute im Steinsaal des Vindonissa-Museums. Masse: 33 × 17 × 14 cm, Buchstabenhöhe 2 cm.

Fortunae | Nyisus | P(ublii) ser(vus) | [v(otum) s(olvit)] l(ibens) l(aetus) m(erito).

Der Fortuna Nyisus, Sklave des Publius. Er löste gern, fröhlich und nach Gebühr sein Gelübde ein.

Nyisus, wohl Verschreibung für griechisch Νύσιος oder thrakisch Nysios, scheint orientalischer oder thrakischer Eigenname. Fortuna wurde sowohl als allgemeine als auch als persönliche Glücksgöttin verehrt.

Lit.: CIL XIII 11502. Zum Namen Νύσιος : W. Schulze, Zur Geschichte lateinischer Eigennamen, 1904, S. 94 und 129; J. Schmidt, RE XVII Sp. 1661 s. v. Nysaios. Über die römische Fortuna: G. Wissowa, Religion und Kultus der Römer, 1912[2], S. 256 ff.; provinziale Fortunae: K. Prümm, Religionsgeschichtl. Handbuch für den Raum der altchristlichen Umwelt, 1943, Index.

167. Weihung des Veteranen Caius Visellius Verecundus an die Nymphen

Weihaltar, gefunden zusammen mit dem Munatius-Altar (No. 165) 1912 in Unterwindisch, heute im Steinsaal des Vindonissa-Museums Brugg. Masse: 70 × 46 × 35 cm, Schrifthöhe 4–6 cm.

Nymphis | C(aius) Visellius | Verecund(us) | veteranus leg(ionis) | ⁵XI C(laudiae) p(iae) f(idelis) | v(otum) s(olvit) l(ibens) m(erito).

Den Nymphen (geweiht). Caius Visellius Verecundus, Veteran der 11. claudischen, kaisertreuen Legion, erfüllte gern und nach Gebühr sein Gelübde.

Die Naturgottheiten der Nymphen werden im ganzen römischen Reich verehrt, wobei die ursprünglich griechischen Götter mit vielen lokalen, einheimischen Erscheinungsformen geglichen sind. Vielfach ist ihr Kult, wie hier, mit demjenigen des Apollo, der Artemis, des Dionysos und anderen Göttern verbunden. Die Familie der Visellii stammt aus Arpinum, der Heimat Ciceros in Latium, und ist seit dem 2. Jh. v. Chr. bezeugt. Anfang des 1. nachchristlichen Jh. gelangte sie bis zur Würde des Konsulats. Der Stifter des Altars ist kaum ein Senatoren-Abkömmling, sonst hätte er einen höheren militärischen Rang, aber er wird das Bürgerrecht von einem der vornehmen Visellii erhalten haben.

Lit.: CIL XIII 11507; Riese 3472a; Howald-Meyer 305. Liste der Nymphen-Kultstätten bei F. Heichelheim, RE XVII Sp. 1558 ff. Die bekannten Visellii sind RE IX A Sp. 353 ff. zusammengestellt.

168. Weihung des Soldaten Lucius Flavius Burrus an Silvanus

Weihaltar, gefunden in Windisch, heute im Steinsaal des Vindonissa-Museums Brugg. Masse: 79 × 62 cm, Buchstabenhöhe 3–6 cm.

Silvano | L(ucius) Flavius | Burrus miles | leg(ionis) XI C(laudiae) p(iae) f(idelis) c(enturiae) Betuvi | ⁵Silonis v(otum) s(olvit) l(ibens) m(erito).

Dem Silvanus (geweiht). Lucius Flavius Burrus, Soldat der 11. claudischen, kaisertreuen Legion, aus der Centurie des Betuvius Silo, erfüllte gern und nach Gebühr sein Gelübde.

Silvanus ist der alte italische Waldgott, der in vielen Provinzen des römischen Reiches mit einheimischen ländlichen Gottheiten geglichen worden ist. Einem solchen kelto-römischen Deus Silvanus hat auch der Postenchef an der Strassengabel von Vevey einen Altar geweiht (No. 59). Woher der Soldat Flavius Burrus stammt, ist nicht bekannt, da die Bürgertribus in der Inschrift ausgelassen ist. Da der Vater Vespasians in Aventicum lebte und starb, haben die helvetischen Flavier vielleicht von der kaiserlichen Familie das Bürgerrecht erhalten, und Flavius Burrus könnte aus Avenches stammen. Er wäre dann einer der Rekruten, die nicht in Oberitalien, sondern am Standort der Legion ausgehoben worden ist. Burrus ist Farbbezeichnung («feuerrot, scharlachrot»). Der Centurio Betuus oder Betuvius, in dessen Abteilung Flavius diente, ist vielleicht ein Verwandter jenes Betuus Cilo, der nach Tac. hist. 1, 37, 3 bei der Thronerhebung des Galba in Gallien ums Leben kam.

Lit.: CIL XIII 11508; Riese 893; Howald-Meyer 307. Über den Gott Silvanus: Klotz, RE III A Sp. 117 ff.; Staehelin, Schweiz³ S. 531. Zu den Flaviern in Avenches: Staehelin 227.

SILVANO
L·FLAVIVS
BVRDVS MILES
LEG XX V·V CR·F·BETVL
[...]

169. Weihung eines unbekannten Soldaten

Bruchstück eines Weihaltars, gefunden 1899 in Windisch, heute im Steinsaal des Vindonissa-Museums Brugg. Masse: 52 × 44 × 38 cm, Buchstabenhöhe 4 cm.

[..... mil(es)] | leg(ionis) X[I C(laudiae) p(iae) f(idelis)] | pro salu[te] | Diadum[eni] | l[ib(erti)].

(Weihung des ....., Soldaten der) 11. claudischen, kaisertreuen Legion, für das Wohlergehen des Diadumenus, seines Freigelassenen.

Weihungen «pro salute» sind entweder für das Kaiserhaus oder für eine nahestehende Person gesetzt. Im ersten Fall steht der Wunsch am Anfang der Inschrift, hier betrifft der Segenswunsch einen Diadumenus, weshalb man zu Beginn einen Heilgott wie Apollo oder Aesculapius erwarten dürfte. Der griechische Namen Diadumenus = Διαδούμενος (=der sich die Kopfbinde umlegt), ist ein Name, wie ihn östliche Sklaven und Freigelassene tragen. Ein Arzt aus dem römischen Heilbad Yverdon hiess so (No. 61). Vielleicht hat der römische Soldat seinem eigenen Freigelassenen diesen Stein gesetzt.

Lit.: CIL XIII 11509.

170. Weihung eines unbekannten Soldaten der Rapax-Legion

Bruchstück eines Weihaltares, gefunden 1906 am Rebgässchen in Windisch, heute im Steinsaal des Vindonissa-Museums Brugg. Masse: 17 × 13 × 7 cm, Buchstabenhöhe 3 cm.

[miles leg(ionis) | XXI] rapa[cis] | v(otum) s(olvit) l(ibens) l(aetus) [m(erito)].

.... *Soldat der 21. raffenden Legion hat sein Gelübde gern, fröhlich und nach Gebühr erfüllt.*

Von der Weihung des Soldaten ist nur eben soviel erhalten, dass die militärische Einteilung, die Legio XXI Rapax, sichtbar wird. Es handelt sich um die zweite Einheit, die in Vindonissa lag, 46 einrückte und 69 n. Chr. abzog. Von ihr stammen die Bauinschriften NN. 153 und 154, welche den Neubau von einem Teil des Lagers anzeigen. In den Kämpfen 69/70 hat sich die Legion gegen die helvetische Bevölkerung gestellt und den reichen Badeort Baden geplündert und niedergebrannt (Tac. hist. 1, 67–69). Deshalb war den Helvetiern das Andenken an die Truppe verhasst, und sie haben viele Inschriften dieser Legion ausgemeisselt (z. B. No. 154).

Lit.: CIL XIII 11510. Zur Geschichte der 21. Legion: Ritterling, RE XII Sp. 1783 ff.

171. Fragment einer Bauinschrift aus dem Legionslager Vindonissa

Fragmente einer grossen Platte aus Mägenwiler Muschelsandstein, 1899 in Windisch gefunden, heute im Steinsaal des Vindonissa-Museums Brugg. Die ursprüngliche Grösse der Platte muss 150 × 76 × 16 cm betragen haben. Es sind Reste von 3 Zeilen der Inschrift erhalten, die 4. Zeile wurde schon in antiker Zeit ausgemeisselt. Buchstabenhöhe 6–7,5 cm.

Ti(berius) Caesar [i]mp(erator) d[ivi] | August[i] f(ilius) Augu[stus] | pontif(ex) maxim(us) t[rib(unicia) potest(ate) ... | ....].

Tiberius Caesar, Imperator, Sohn des vergöttlichten Augustus, Pontifex maximus, im .... Jahr seiner tribunizischen Gewalt...

Die Titulatur ist diejenige des Tiberius (14–37 n. Chr.), also muss die Urkunde zum frühesten Lagerbau gehören, wohl kurz nach der Errichtung der Garnison. Vindonissa im Jahre 16 n. Chr. Auf der ausgemeisselten Zeile muss der Name des Kommandanten des obergermanischen Heeres, zu dem die Legion von Vindonissa gehörte, gestanden haben. Das war C. Silius Caecina Largus (14–21 n. Chr. in dieser Stellung), Konsul im Jahre 13 n. Chr., danach General unter dem Prinzen Germanicus in den Kriegen gegen die Germanen, die Tacitus beschreibt. Nach 21 geriet Caecina in eine Hofintrige des Praetorianerpraefekten Seian, in deren Verlauf der Senator einer kaiserlichen Verurteilung durch Selbstmord zuvorkam. Von einer formellen Ausmerzung seines Namens (Damnatio memoriae) berichtet Tacitus nichts, vermutlich aber haben die Truppen in Vindonissa die Erinnerung an den in Ungnade gefallenen General auf der Inschrift getilgt. An welchem Gebäude des Lagers die Inschrift angebracht war, wissen wir nicht.

Lit.: CIL XIII 11513; Riese 14; Howald-Meyer 268. Zum Bau des Lagers Vindonissa: E. Ettlinger, RE IX A Sp. 87 f. Zu C. Silius A. Caecina Largus: Nagl, RE III A Sp. 74 (mit Verweis auf die Tacitusstellen).

172. Torinschrift aus dem Legionslager Vindonissa

Bruchstücke von zwei gleichlautenden Bauinschriften an den Toren der Lagerstrasse, 1898 in Windisch gefunden, heute zu einer Tafel zusammengefügt und ergänzt, im Steinsaal des Vindonissa-Museums Brugg. Masse der rekonstruierten Platte: 180 × 84 × 24 cm, Buchstabenhöhe 10–11 cm.

Ti(berio) Claudio Ca[esa]re Aug(usto) Germ(anico) | imp(eratore) XII p(ontifice) m(aximo) tr(ibunicia) po[t(estate) V]II co(n)s(ule) IIII p(atre) p(atriae) | [Q(uinto) Curtio Rufo le]g(ato) Aug(usti) pro pr(aetore) | M(arco) Lic[inio Senecio]ne leg(ato) Aug(usti) | ⁵leg(io) [XXI Rapax].

Unter der Regierung des Kaisers Tiberius Claudius Germanicus, zum zwölftenmal Imperator, Pontifex maximus, im Jahr seiner 7. tribunizischen Gewalt, in seinem 4. Konsulatsjahr, Vater des Vaterlandes, als Quintus Curtius Rufus kaiserlicher Statthalter war und Marcus Licinius Senecio das Legionskommando führte, (hat) die 21. raffende Legion (dies gebaut).

Das Datum der Inschrift ist aus der kaiserlichen Titulatur zu entnehmen: Die 7. tribunicia potestas Kaiser Claudius' dauerte vom 25. Januar 47 bis 24. Januar 48 n. Chr., das 4. Konsulat trat der Kaiser am 1. Januar 47 an, und die 12. imperatorische Akklamation fällt in das Spätjahr 46. Da die folgende Akklamation, die 13., in den Sommer 47 fällt, muss die Inschrift im Frühjahr 47 gesetzt worden sein. Genau dasselbe Datum enthält der Meilenstein von Saint-Saphorin (CIL XII 5528): in Rom wurden am 21. April dieses Jahres die Saecularspiele für die 800. Wiederkehr der Gründung Roms gefeiert. Wahrscheinlich legte die Garnison von Vindonissa die Einweihung des Neubaus mit Bedacht auf diesen Tag. – Der kaiserliche Legat von Obergermanien, Curtius Rufus, ist aus Tacitus (ann. 11, 20) bekannt. Der Kommandant der 21. Legion, M. Licinius Senecio, kommt noch in einer neueren Inschrift vor. Wie in andern Inschriften von Vindonissa ist der Name der 21. Legio Rapax ausgemeisselt, wohl aus Hass der Helvetier infolge des Massakers im Jahre 69. Die Legion scheint also gleich nach ihrer Ankunft im Jahre 45 mit den Bauarbeiten begonnen zu haben, die sie im Frühjahr 47 fertiggestellt hat.

Lit.: CIL XIII 11514; Riese 26; Howald-Meyer 269. Die Daten des Kaisers Claudius bei Gaheis, RE III Sp. 2801 f. Zu den Lagerbauten in Vindonissa: E. Ettinger, RE IX A Sp. 87 f. Neue Inschrift von M. Licinius Senecio: Ber. Röm.-Germ. Komm. 27, No. 60; vgl. PIR V² No. 243.

173. Fragment einer Ehreninschrift für den Kaiser

Bruchstück einer Platte aus Mägenwiler Sandstein, gefunden 1911 in Windisch, heute im Steinsaal des Vindonissa-Museums Brugg. Masse: 31 × 26 × 8 cm, Buchstabenhöhe 3–5 cm.

In h[onorem] | *imp(eratoris) [......]* | *cives Ro[mani qui]* | ⁵*sunt[.....]* | *[.....].*

Zur Ehre des Kaisers ..... die römischen Bürger, welche in ..... sind ...

Die Ehreninschrift muss von einer Vereinigung römischer Bürger, ähnlich den Gemüsehändlern in No. 164, aufgestellt worden sein. Um welchen Kaiser es sich handelt, ist wegen der Verstümmelung der Inschrift nicht erkenntlich. Da aber nach dem Wort IMP deutliche Spuren einer Ausmeisselung (Erasion) zu sehen sind, muss es ein Kaiser gewesen sein, dessen Andenken von Staats wegen getilgt worden ist (damnatio memoriae). Aus dem 1. Jh., also in der Zeit, als das Legionslager besetzt war, kommen dafür nur Caligula, Nero und Domitian in Frage.

Lit.: CIL XIII 11518. Liste der mit der damnatio memoriae belegten Kaiser bei R. Cagnat, Cours d'épigraphie latine, 1914[4], S. 172 f.

174. Fragment der Inschrift eines Kohorten-Praefekten

Kleines Bruchstück einer Steinplatte, gefunden 1911 im Schutthügel des Lagers von Vindonissa, heute im Vindonissa-Museum Brugg. Masse: 19 × 15 × 3 cm, Buchstabenhöhe 3–4 cm.

[.... B]assus | [.... p]r(aefectus) coho[rt(is) ....].

Bassus, Praefekt der Kohorte ....

Im Lager Vindonissa lagen neben der Legion aus Nichtrömern rekrutierte Hilfstruppen, von denen wir vier Kohorten (die *cohors III Hispanorum, cohors VI Raetorum, cohors VII Raetorum, cohors XXVI voluntariorum*) aus Inschriften kennen. Die Kommandanten dieser Einheiten hiessen *Praefecti* und waren Angehörige des Ritterstandes. Vermutlich war der sonst unbekannte Bassus Befehlshaber einer der drei erstgenannten Kohorten, die *voluntarii* wurden in der Regel von Tribunen kommandiert.

Lit.: CIL XIII 11523. Über die Kohorten in Vindonissa: H. Lieb, Zu den Hilfstruppen in Vindonissa, Jahresber. Pro Vindonissa 1971, S. 36 ff.

175. Grabschrift des Soldaten Lucius Rutilius Macrinus

Bruchstück eines Soldatengrabsteins, gefunden in Windisch, heute im Steinsaal des Vindonissa-Museums Brugg. Masse: 42 × 38 cm, Buchstabenhöhe 4–6 cm.

L(ucius) Ruti[lius] | *L(uci) f(ilius) Serg(ia tribu) [Ma]|crinus P[....]|i miles leg(ionis) [....]* | *⁵c(enturiae) Prov[....]* | *stipend[io(rum) ..* | *h(ic) s(itus) e(st) ....].*

Lucius Rutilius Macrinus, Sohn des Lucius, aus der Bürgertribus Sergia, von P....., Soldat der ... Legion, aus der Centurie des Prov..., nach ... Dienstjahren (liegt hier begraben).

Der Tote trägt den Namen eines berühmten plebeischen Geschlechtes, zu welchem in domitianischer Zeit der vom Dichter Statius gefeierte Stadtpräfekt von Rom, Rutilius Gallicus, gehörte. Die Familie des Macrinus dürfte von einem dieser vornehmen Rutilier das Bürgerrecht erhalten haben. Leider ist die Heimat des Soldaten auf der Inschrift nicht erhalten. Zur Tribus Sergia scheint auch Forum Claudii (Martigny) zu gehören. Auch die Angaben der Legionszahl und der Dienstjahre fehlen. Der Centurio wird Provincialis, Provincus oder ähnlich geheissen haben.

Lit.: CIL XIII 11524; Riese 908; Howald-Meyer 275.

176. Fragment einer Soldateninschrift

Bruchstück eines Votivaltares oder eines Grabsteines, gefunden in Windisch, heute im Vindonissa-Museum Brugg. Masse: 15 × 11 × 12 cm, Buchstabenhöhe 1,5 cm.

Su[.....|..]trex | leg(ionis) XI C(laudiae) p(iae) f(idelis).

Su......trex (Soldat) der 11. claudischen, kaisertreuen Legion.

Deutlich erhalten ist nur die Einteilung des Soldaten, die 11. Legio Claudia pia fidelis. Das Wort der mittleren Zeile hat man als Verschreibung von THRAX, der Thraker, angesprochen. Vielleicht handelt es sich auch um das Ende eines unbekannten Beinamens auf -trex, denn ein Legionär kann nicht Thraker sein.

Lit.: CIL XIII 11525.

177. Inschrift auf einem verzierten Baustück

Bauquader, gefunden in Windisch, heute im Vindonissa-Museum Brugg. Buchstabenhöhe 2,5 cm.

Amarantus

Aus welchem Gebäude der Quader stammt, ist unbekannt. Der griechische Name Ἀμάραντος kommt gelegentlich als römischer Beiname vor: an einen Coelius Amarantus richtete Kaiser Antoninus Pius ein Reskript. Oft pflegten die Händler auf dem Markt ihren Standplatz mit dem Namen zu zeichnen. Man könnte hier an einen griechischen Freigelassenen denken.

Lit.: CIL XIII 11526.

178. Fragment eines Weihaltares des Caius Trosius

Oberer Teil eines Weihaltärchens, gefunden 1899 in Windisch, heute im Vindonissa-Museum Brugg. Masse: 18 × 15 × 9 cm, Buchstabenhöhe 3 cm.

C(aius) Tro|sius | Spe[...].

Der Familienname Trosius kommt in Tergeste (Triest) und Aquileia vor. Wem die Weihung gilt, ist nicht erhalten.

Lit.: CIL XIII 11527.

179. Türsturz einer Jupiter-Kapelle

Abschluss-Stein einer Eingangstür aus Mägenwiler Sandstein, gefunden 1916 in Windisch, heute im Steinsaal des Vindonissa-Museums Brugg. Masse: 60 × 23 cm, Buchstabenhöhe 2,5–3 cm.

I(ovi) o(ptimo) m(aximo) | C(aius) Careius Tertius | v(otum) s(olvit) l(ibens) l(aetus) m(erito).

Dem Jupiter Optimus Maximus. Caius Careius Tertius hat sein Gelübde gern, fröhlich und nach Gebühr erfüllt.

Es muss sich, der Inschrift nach, um ein kleines Jupiterheiligtum gehandelt haben. Vielleicht war der Jupitertempel, den der kaiserliche Sklave Asklepiades restauriert hatte (Inschrift No. 148), ansehnlicher. Der Familienname Careius wird meist als keltisch angesprochen, da der Bestandteil Cara- in keltischen Namen häufig vorkommt (Caratacus, Caratillus). Schulze erwägt auch etruskische Herkunft. – Die Inschrift steht wie bei vielen Gebäudeaufschriften in Tabula ansata.

Lit.: Ber. Röm.-German. Komm. 17, 1927, 101; Howald-Meyer 300. Zum Jupiterkult in der römischen Schweiz: Staehelin, Schweiz[3] S. 543. Zum Namen Careius: W. Schulze, Zur Geschichte lat. Eigennamen, 1904, S. 415.

180. Fragment vom Weihaltar des Cornicularius Verecundus

Bruchstück eines Weihaltares, gefunden 1920 in Altenburg, heute im Steinsaal des Vindonissa-Museums Brugg. Masse: 40 × 27 cm, Buchstabenhöhe 3 cm.

[...]las [..... Ve]|recundu[s | co]rnucla[ri]|us Satrieni | [5][lu]venalis tr[ib] uni militu m leg(ionis) XI C(laudiae) p(iae) f(idelis).

.... Verecundus, Stabsunteroffizier des Satrienus Juvenalis, Kriegstribunen in der 11. claudischen, kaisertreuen Legion.

Der Stifter des Altares, von dem nur noch der Beiname Verecundus erhalten ist, war Cornicularius (geschrieben in der Umgangssprache Cornuclarius) im Stabe eines Obersten. Das bedeutet die höchste Charge im Unteroffiziersrang der römischen Armee, die Stufe unter dem Centurio. Ein Cornicularius stand nur dem Tribunen senatorischen Ranges zu, dem rangältesten unter den 6 Tribunen der Legion. Dieser Tribunus laticlavius (mit dem Senatoren-Streifen) war Stellvertreter des Legionskommandanten, sein Cornicularius demnach Chef des Stellvertreter-Büros der ganzen Legion. Der Name des Tribunen Satrienus Juvenalis ist nur aus dieser Inschrift bekannt, aber die Familie der Satrieni ist schon in republikanischer Zeit aus Rom bezeugt (Münzmeister des Jahres 77 v. Chr.).

Lit.: Ber. Röm.-German. Komm. 17, 1927, 106; Howald-Meyer 288. Zum Rang des Cornicularius: A. v. Domaszewski, Die Rangordnung des römischen Heeres, 1967[2], S. 39. Über die Tribuni laticlavi: Kromayer-Veith, Heerwesen und Kriegführung der Griechen und Römer, 1928, S. 511.

181. Fragment der Weihinschrift des Sammo

Quader mit Inschriftresten, gefunden 1916 in Windisch, heute im Steinsaal des Vindonissa-Museums Brugg. Buchstabenhöhe 5 cm.

[....]u Sammo v(otum) s(olvit) l(ibens) [m(erito)].

Sammo erfüllte sein Gelübde gern und nach Gebühr.

Der Name Sammo und Sammus scheint keltisch.

Lit.: Ber. Röm.-German. Komm. 17, 1927, 107; Howald-Meyer 311.

182. Grabstein des Soldaten Marcus Luxonius Festus

Unten abgeschlagener Grabstein aus Mägenwiler Sandstein, 1921 beim Postgebäude in Windisch gefunden, heute im Steinsaal des Vindonissa-Museums Brugg. Masse: 100 × 65 cm, Buchstabenhöhe 3–6 cm.

M(arcus) | Luxsonius | M(arci) f(ilius) Rom(ilia tribu) Festus | Ates(te) mil(es) leg(ionis) XI [C(laudiae) p(iae)] | ^{5}f(idelis) c(enturiae) Atti Vale[ntis] | an(norum) XXX st[ip(endiorum)] ... Lux]|sonius [..... mil(es)] | leg(ionis) eiu[sdem ...... Lux]|soniu[s – – – heredes f(aciendum) c(uraverunt)].

Marcus Luxonius Festus, Sohn des Marcus, aus der Bürgertribus Romilia, von Ateste, Soldat der 11. claudischen, kaisertreuen Legion, aus der Centurie des Attius Valens, 30 Jahre alt, mit .... Dienstjahren (liegt hier begraben) .... Luxonius, Soldat derselben Legion und ... Luxonius ... seine Erben haben den Stein setzen lassen.

Der Soldat Luxonius stammt aus Este in Venetien, welche Stadt Augustus nach dem Bürgerkrieg mit zahlreichen Veteranen seiner Legionen besiedelt und zur Kolonie erhoben hatte. Die Bürger von Ateste gehörten zur Tribus Romilia. Auch in die Praetorianergarde schickte die Stadt zahlreiche Rekruten. Der Familienname Luxonius kommt auch auf Inschriften der Stadt selbst vor. Es scheint, dass auf den Zeilen 7 und 9 zwei weitere Luxonii genannt waren, vielleicht Brüder oder Verwandte, die als Erben zeichneten. Der Centurio Attius Valens kommt nur in dieser Inschrift vor. – Der Stein ist mit einem Giebelaufbau verziert, wie ihn auch einzelne rheinische Soldatengrabsteine aufweisen: neben dem Giebel liegende Löwen, im Giebelfeld zwei sitzende Adler, darunter links und rechts zwei fliegende Vögel (Gänse?). Der ganze Giebelaufbau wird von korinthischen Säulen getragen.

Lit.: Ber. Röm.-German. Komm. 17, 1927, 108; Howald-Meyer 281. Zum Namen Luxonius: W. Schulze, Zur Geschichte lateinischer Eigennamen, 1904, S. 454. Beispiele für Soldatengrabsteine mit Giebelreliefs: Germania Romana III 1926[2].

183. Grabstein des Soldaten Gaius Ennius Titus

Oben abgebrochene Grabsteinplatte, gefunden 1933 auf dem modernen Friedhof von Windisch, heute im Steinsaal des Vindonissa-Museums Brugg. Masse: 110 × 77 × 21 cm, Buchstabenhöhe 5,5–10 cm.

[Di]s Manib(us) | G(aius) Ennius G(ai) f(ilius) Ve|tur(ia tribu) Titus Pla|cent(ia) mil(es) leg(ionis) | ⁵XI c(enturiae) Novi Casto|ris ann(orum) XXXVI | stip(endiorum) IX h(ic) s(itus) e(st) | t(estamento) f(ieri) i(ussit) heredes | f(aciendum) c(uraverunt).

Den Manen. Gaius Ennius Titus, Sohn des Gaius, aus der Bürgertribus Veturia, von Placentia, Soldat der 11. Legion, in der Centurie des Novius Castor, im Alter von 36 Jahren, mit 9 Dienstjahren, liegt hier begraben. Er hat (diesen Stein) durch Testament bestimmt. Die Erben haben ihn ausführen lassen.

Der Soldat mit dem alten, unteritalischen Familiennamen Ennius und dem gelegentlich als Beinamen gebrauchten Vornamen Titus stammt aus Placentia (Piacenza am Po). Diese Stadt wurde schon vor dem Hannibalkrieg römische Kolonie und war in der Tribus Veturia (= Voturia) eingeschrieben. Der Name des Centurio Novius ist ebenfalls unteritalisch. Dass Ennius erst mit 27 Jahren Rekrut geworden ist, scheint ungewöhnlich. Die meisten Legionäre stellen sich schon mit 19–20 Jahren. Ungewöhnlich an der Inschrift ist ferner das Fehlen des Legionsnamens C(laudia) p(ia) f(idelis) und die Überschrift Dis Manibus. Solche Weihungen an die Manen, die Geister der Abgeschiedenen, werden seit dem Ende des 1. Jh. n. Chr. allgemein üblich auf den Grabschriften.

Lit.: Ber. Röm.-German. Komm. 27, 1938, 61; Howald-Meyer 278.

[...]S·MAN[...]
[...]GENNVS·C·FVE[...]
[TV]R·TITVS·PLA
CENT·MIL·LEG
XI·NOVI·CASTO
RIS·ANN·XXXVI
STIP·IX·H·S·E
T·F·I·HEREDES
F·C

184. Weihaltar für die Götter der Kreuzwege

Zwei Bruchstücke eines Weihaltares, gefunden 1938 auf der Breite in Windisch, heute im Vindonissa-Museum Brugg. Masse (zusammen): 27 × 21 × 14 cm, Buchstabenhöhe 3 cm.

Quadru | [vis.....] | v(otum) s(olvit) l(ibens) m(erito).

Den Kreuzweg-Göttern hat .... sein Gelübde gern und nach Gebühr eingelöst.

Weihungen an Strassenkreuzen sind typisch für Militärposten, die alle wichtigeren Stellen des römischen Strassennetzes bewachten. Der Name des Stifters ist nicht erhalten.

Lit.: Ber. Röm.-German. Komm. 40, 1959, 58. Über die Militärposten an den röm. Strassen der Schweiz: Staehelin, Schweiz[3] S. 354 f.

185. Grabschrift des Marcus Nervinius Saturninus

Tuffsteinplatte, gefunden 1975 unter dem Pflaster der Ölackerstrasse in Windisch. Heute im Vindonissa-Museum Brugg. Masse: 70 × 54 × 10 cm, Buchstabenhöhe 4–8 cm.

Dis | Manibus | M(arci) Nervini | Saturnini Muci|⁵us Doryphorus | [. . .] p(onendum) c(uravit).

Den Manen des Marcus Nervinius Saturninus. Mucius Doryphorus [sein Erbe?] hat (den Stein) setzen lassen.

Es handelt sich um das Grab einer Zivilperson, da kein militärischer Grad angegeben ist. Der Familienname Nervinius kommt in der römischen Schweiz bisher nicht vor, wohl aber in der Hauptstadt Rom (CIL VI 22929) und in Umbrien. W. Schulze behandelt ihn im Zusammenhang mit etruskischen Namen. Das Cognomen Saturninus ist häufig in der römischen Aristokratie und bei den Provinzialen (z. B. in der Inschrift aus Murten No. 101) und bezeichnet den unter dem Schutz des Gottes Saturnus stehenden. Für die auswärtige Herkunft des Toten spricht auch der Name des Erben (Zeilen 4/5) Mucius Doryphorus: Es ist ein ursprünglicher Sklave griechischer Herkunft, der von der hocharistokratischen Familie der Mucii das Bürgerrecht bekommen hatte. Doryphorus (= Speerträger) hiess auch einer der angesehensten Freigelassenen Kaiser Neros. – Der Anfang von Zeile 6 ist so verstümmelt, dass das Verhältnis der beiden Männer (Erbe, Klient?) nicht klar wird.

Lit.: J. Ewald, Jahresber. Gesellschaft Pro Vindonissa 1975, S. 17 ff. W. Schulze, Zur Geschichte lateinischer Eigennamen, 1904, S. 363; Neros Doryphorus: PIR² III No. 194 (Claudius Doryphorus).

AELS
MANIBVS
CERVINI
PHIL G
VIXIT AN

186. Grabstein des Centurio Caeno

In mehrere Stücke zerbrochene Grabplatte aus gelbem Kalkstein, gefunden 1971 an der alten Zürcherstrasse in Brugg, heute im Vindonissa-Museum Brugg. Masse: 158 × 76 × 17 cm, Buchstabenhöhe 4–11 cm.

Caeno [....] | f(ilius) c(enturio) coh(ortis) His[pa]nor(um) | domo Tancia | Norbana | ⁵ann(orum) XL stip(endiorum) XVIIII | h(ic) s(itus) e(st) | Cundigus Boeli f(ilius) | h(eres) p(osuit).

Caeno, Sohn des ...., Centurio in der Cohors Hispanorum, aus Tancia Norbana, im Alter von 40 Jahren, mit 19 Dienstjahren, liegt hier begraben. Cundigus, Sohn des Boelus, sein Erbe, hat (den Stein) gesetzt.

Der Grabstein ist eines der wenigen Zeugnisse der nichtrömischen Hilfstruppen, die in Vindonissa stationiert waren. Die Angehörigen dieser nichtbürgerlichen Truppen wurden aus der Provinzialbevölkerung rekrutiert und erhielten nach der Entlassung das römische Bürgerrecht. Alle Namen auf dem Grabstein sind diejenigen von Nichtrömern. Caeno ist unter einheimischer Bevölkerung Westspaniens bezeugt, Cundigus und Boelus scheinen ebenfalls spanische Namen zu sein. Der Heimatort des Toten, Tancia Norbana, ist nicht bekannt, muss aber wohl eine spanische Kleinstadt gewesen sein. Bei der Auxiliareinheit, in welcher Caeno Dienst tat, handelt es sich um die Cohors III Hispanorum, die wahrscheinlich zur gleichen Zeit wie die Legio XXI Rapax in Vindonissa Quartier besass. Sie war 500 Mann stark (Infanterie), besass 6 Centurien und war von einem Praefekten im Ritterrang kommandiert. Auch die Centurionen waren in der Regel römische Bürger. Die Inschrift zeigt aber, dass auch Peregrine zum untersten Offiziersrang aufsteigen konnten. In der Mitte der Schriftfläche ist die Dekoration des Toten abgebildet, die *Corona aurea,* der Orden, welcher den Centurionen und höheren Chargen vorbehalten war.

Lit.: H. Lieb, Jahresber. Pro Vindonissa 1971, S. 36 ff. Über die Hilfstruppen in Vindonissa: Staehelin, Schweiz[3] S. 180; E. Ettlinger, RE IX A Sp. 89.

CAENO[...]
EX COH III[...]
DOMO LA[...]
NORBA[NA]
ANN [...] STI[...] III

C VNDIGVS BO[...] F
H · P ·

187. Stiftung eines Isis-Tempels in Baden

Grosse Kalksteinplatte, seit dem Mittelalter am Turm der Pfarrkirche St. Sebastian von Wettingen eingemauert, heute auf der Innenseite der Hauptpforte. Masse: 127 × 77 cm, Schriftfeld 105 × 55 cm, Buchstabenhöhe 5–5,5 cm.

Deae Isidi templum a solo | L(ucius) Annusius Magianus | de suo posuit vik(anis) Aquensib(us) | ad cuius templi ornamenta | ⁵Alpinia Alpinula coniux | et Peregrina fil(ia) ✶ C dede|runt l(ocus) d(atus) d(ecreto) vicanorum.

Der Göttin Isis hat Lucius Annusius Magianus diesen Tempel von Grund auf aus eigenen Mitteln für die Dorfbewohner von Baden errichtet. Für die Ausschmückung dieses Tempels haben Alpinia Alpinula, seine Gattin, und Peregrina, ihre Tochter, 100 Denare gegeben. Der Platz (für die Inschrift) wurde durch Beschluss der Dorfbewohner gegeben.

Die Inschrift ist der wichtigste Beleg für den Kult der ägyptischen Isis in der römischen Schweiz. Wo der Tempel in Baden gestanden hat, ist unbekannt. Vielleicht war der Kult mit der Verehrung einer lokalen Heilgottheit verbunden. Der Familienname des Stifters ist schwer einzureihen und kommt in der näheren Umgebung Helvetiens nicht vor. Im Hinblick auf den ägyptischen Kult liegt es nahe, Annusius auf den ägyptischen Anubis zurückzuführen, doch könnte auch eine keltische Namenform dahinterstecken wie auch beim Cognomen Magianus (von Magius). Dagegen scheint das Gentile der Gattin, Alpinia, deutlich lokaler Herkunft. Das Cognomen Alpinus und davon abgeleitet Alpinius kommt mehrere Male in den Schweizer Inschriften vor (NN. 40, 98). Die Stiftungssumme von 100 Denar kann nicht als sehr bedeutend angesehen werden. Schon eine einzelne Statue kostete nach der Zusammenstellung von Bang ein Vielfaches, und die Preise wurden in der Inflation des 3. Jh. n. Chr. noch höher. Es muss sich also um ein sehr bescheidenes Isis-Heiligtum gehandelt haben. Die Vicani, denen die Stiftung zugute kam, waren ohne Zweifel die Einwohner des Vicus Baden.

Lit.: Mommsen, ICH 241; CIL XIII 5233; Riese 2073; Howald-Meyer 258.
Zum Isiskult in der römischen Schweiz: Staehelin, Schweiz[3] S. 548 f. Über
die Preise (100 Denare = 400 Sesterz) vgl. die Inschriften 64, 70, 71, 74, 75.
Kosten von Statuen: M. Bang bei Friedländer, Sittengeschichte IV, 1921[10],
S. 312 ff.

188. Weihung an Mercurius Matutinus

Weihaltar, gefunden in Baden, 1712 (nach dem 2. Villmergerkrieg) nach Zürich gebracht, heute im Landesmuseum Zürich. Masse: 71 × 46 × 30 cm, Schriftfeld 51 × 29 cm, Buchstabenhöhe 4–4,5 cm. Neben der Inschrift sind in Reliefarbeit links Mercurius mit Beutel und Stab, rechts ein Baum angebracht.

Mercurio | Matutino | Iu[...]ris | ex voto | [v(otum) s(olvit)] l(ibens) m(erito).

Dem Mercurius Matutinus nach Gelübde. Iu ... ris erfüllte gern und nach Gebühr sein Gelübde.

Mercurius Matutinus, der «morgendliche» Mercur, gehört wie die italische Mater Matuta zu den Göttern des Frühlichts. Da Mercurius nach Caesar (bell. Gall. 6, 17, 1) der gallische Hauptgott ist, wird auch diese Sonderform keltischer Herkunft sein. Der verstümmelte Name des Stifters, der offenbar die römischen tria nomina nicht besass, deutet auf einen Peregrinen oder Sklaven. Auf den Schmalseiten des Steines sind links das Relief einer männlichen Figur (Mercurius mit Börse und Heroldsstab), rechts dasjenige eines Baumes (Vegetationssymbol) angebracht.

Lit.: Mommsen, ICH 243; CIL XIII 5235; Riese 3359; Howald-Meyer 259. Zum keltischen Mercur: Staehelin, Schweiz[3] S. 535 ff. K. Prümm, Religionsgeschichtliches Handbuch, 1943, S. 707 f.

189. Grabschrift des Veteranen Certus

Rechter Teil einer Kalksteinplatte, seit dem Mittelalter an der Aussenwand der Pfarrkirche von Zurzach eingemauert. Gilg Tschudi sah 1535 den Stein, kopierte ihn und schlug eine Ergänzung für den fehlenden linken Teil vor. Er beging aber den Fehler, seine Konjektur als echte Lesung auszugeben, was Mommsen kritisierte. Masse: 68 × 59 cm, erhaltenes Schriftfeld 61 × 42 cm, Buchstabenhöhe 4,5–7,5 cm.

[– – –] M(arci) f(ilio) Volt(inia tribu) Certo | [domo] Vien(na) veteran(us) | [legionis] XIII Geminae | [– – –]s et Amianthus | ⁵[lib(erti) et] heredes fecer(unt).

Dem .... Certus, Sohn des Marcus, aus der Bürgertribus Voltinia, von Vienna, Veteran der 13. Zwillingslegion ..... s und Amianthus, seine Freigelassenen und Erben haben (den Stein setzen lassen).

Certus stammte aus der Koloniestadt Vienna (Vienne an der Rhone), welche die Neubürger seit dem Jahre 14 v. Chr. in die Tribus Voltinia einschrieb. Da die Legio XIII Gemina von 16–45 n. Chr. in Vindonissa lag, muss Certus noch unter Kaiser Tiberius (14–37) oder schon unter Augustus rekrutiert worden sein. Er dürfte sich nach der Entlassung in der Gegend von Zurzach niedergelassen haben und deshalb dort begraben worden sein. Der Name Amianthus (griechisch Ἀμίαντος «der Unbefleckte», nur mit t nicht th geschrieben) verrät den ursprünglichen Sklaven östlicher Herkunft.

Lit.: Mommsen, ICH 267; CIL XIII 5239; Riese 916; Howald-Meyer 330. Zur 13. Legion: E. Ritterling, RE XII Sp. 1710 ff.

190. Fragment einer Soldatengrabschrift

Auf 3 Seiten abgebrochene Grabplatte, gefunden 1690 in Zurzach, heute im Vindonissa-Museum Brugg. Masse: 66 × 39 × 15 cm, Buchstabenhöhe 5 cm.

[...]ugiacus | [.] f(ilius) Pol(l)ia Super | [Pol]lentia miles | [leg(ionis)] XI C(laudiae) p(iae) f(idelis) c(enturiae) Saeni | ⁵[Max]imi annor(um) | [– – –].

...ugiacus Super, Sohn des..., aus der Bürgertribus Pollia, von Pollentia, Soldat der 11. claudischen, kaisertreuen Legion, aus der Centuria des Saenius Maximus, im Alter von ... Jahren ...

Der Familienname des Soldaten auf -iacus ist vom Typus Magiacus, Juliacus, Attiacus und dürfte keltischer Herkunft sein, vielleicht Lugiacus von Lugius. Das Cognomen Super kommt gelegentlich vor. Als Heimat ist die Stadt Pollentia, südlich von Turin, angegeben, deren Bürger, wie anderer Städte Liguriens, in die Tribus Pollia eingeschrieben waren. Der Grabstein dürfte, wie No. 191, im Mittelalter aus Windisch oder Gebenstorf verschleppt worden sein.

Lit.: Mommsen, ICH 269; CIL XIII 5240; Riese 902.

191. Grabstein des Soldaten Quintus Valerius Libens

Unten abgebrochene Grabplatte, im 17. Jh. in Zurzach gefunden, heute im Vindonissa-Museum Brugg. Masse: 87 × 61 × 22 cm, erhaltenes Schriftfeld 53 × 42 cm, Buchstabenhöhe 5–5,5 cm. Im Giebelfeld Rankenornament.

Q(uintus) Valerius | Q(uinti) f(ilius) Fab(ia tribu) Lib'ens Brix(i)a | mil(es) leg(ionis) XI C(laudiae) | ⁵p(iae) f(idelis) c(enturiae) Attieni | Maximi | [– – –].

Quintus Valerius Libens, Sohn des Quintus, aus der Bürgertribus Fabia, von Brescia, Soldat der 11. claudischen, kaisertreuen Legion, aus der Centurie des Attienius Maximus ...

Der Soldat mit dem klassischen Familiennamen Valerius stammt aus der augusteischen Kolonie Brescia, welche dem römischen Heere viele Soldaten gestellt hat. Die Bürger dieser Stadt gehören zur Tribus Fabia. Vom Centurio Attienius hat sich auch ein Bronzetäfelchen im Schutthaufen des Legionslager erhalten. Warum der Grabstein des Soldaten von Vindonissa nach Zurzach kam, wissen wir nicht. Staehelin nahm an, dass sich bei der Zurzacher Rheinbrücke ein Posten der Legion befand. Das würde aber ein Begräbnis in Zurzach nicht erklären. Wahrscheinlicher ist die Verschleppung der beiden Steine NN. 191 und 190 vom Soldatenfriedhof in Gebenstorf gegenüber dem Lager.

Lit.: Mommsen, ICH 268; CIL XIII 5241; Riese 892; Howald-Meyer 331. Zum Militärposten von Zurzach: Staehelin, Schweiz[3] S. 182.

192. Weihung der Bärenjäger an Diana und Silvanus

Kleine Kalksteinplatte, gefunden 1868 im Hof der Strafanstalt in Zürich, heute im Landesmuseum Zürich. Masse: 45 × 39 × 18 cm, Buchstabenhöhe 6 cm.

Deae Dianae | et Silvano | ursari | posueru|⁵nt ex voto.

Der Göttin Diana und dem Silvanus haben die Bärenjäger (diesen Stein) nach einem Gelübde aufgestellt.

Dass ein klassischer Göttername mit dem Zusatz *Deus, Dea* ergänzt wird, wird im allgemeinen als Zeichen einer Interpretatio Gallica angesehen, d. h. hinter der römischen Gottheit verbirgt sich eine keltische. Im Falle von Diana und Silvanus hat man an das gallische Götterpaar Nantosvelta und Sucellus gedacht.
Die Wälder Galliens und Germaniens waren in römischer Zeit noch voller Bären, die gerne für die Tierhetzen in den Arenen Roms und der Provinzstädte verwendet wurden. Deshalb besassen die Legionen eigene Abteilungen für den Bärenfang. Ein Ursarius der 30. Legion in Xanten weihte dem Silvanus eine ähnliche Inschrift (CIL XIII 8639). Die Bärenjäger unserer Inschrift dürften zur Legion von Vindonissa gehört haben.

Lit.: CIL XIII 5243; Riese 2717; Howald-Meyer 261. Zum keltischen Götterpaar Diana und Silvanus: K. Prümm, Religionsgeschichtliches Handbuch, 1943, S. 697. Zu den Bärenfängern der Legionen: Staehelin, Schweiz[3] S. 468.

193. Grabstein des Lucius Aelius Urbicus, Kind des Zollbeamten

Grabaltar, gefunden 1747 auf dem Lindenhof in Zürich, heute im Landesmuseum Zürich. Masse: 130 × 62 × 37 cm, Schriftfeld 69 × 50 cm, Buchstabenhöhe 5–8 cm.

D(is) M(anibus) | Hic situs est | L(ucius) Ael(ius) Urbicus | qui vixit an(no) | uno m(ensibus) V d(iebus) V | ⁵Unio Aug(usti) lib(ertus) | p(rae)p(ositus) sta(tionis) Turicen(sis) | XL G(alliarum) et Ae(lia) Secundin(a) | p(arentes) dulcissim(o) f(ilio).

Den Manen. Hier liegt begraben Lucius Aelius Urbicus, der 1 Jahr, 5 Monate und 5 Tage gelebt hat. Unio, Freigelassener des Kaisers, Vorsteher des Zürcher Postens des gallischen Zolls, und Aelia Secundina, die Eltern ihrem vielgeliebten Sohn.

Der Vater des Kindes war Chef einer Zollstation der sog. Quadragesima Galliarum, des 2,5 %-Ein- und Ausfuhrzolles, welcher auf den Zufahrtswegen zu den gallischen Provinzen erhoben wurde. Dieser Zollkordon fiel nicht mit der Provinzgrenze zusammen. Die Stationen lagen, ausser in Zürich, in Grenoble, Genf, Massongex bei St-Maurice, um nur die nächsten Büros zu nennen. Unio, der wohl von Hadrian oder einem anderen Aelier-Kaiser das Bürgerrecht erhalten hat, zeichnet hier noch mit seinem alten Sklavennamen: Unio heisst der Einer-Wurf beim Würfelspiel oder eine besonders grosse Perle. Sohn und Gattin führen schon den bürgerlichen Namen. Die Inschrift enthält die früheste Nennung von Zürich.

Lit.: Mommsen, ICH 236; CIL XIII 5244; Riese 421; Howald-Meyer 260. Zum Gallischen Zoll: F. Vittinghoff, RE XXII Sp. 352 ff. s. v. Portorium. Zur Station auf dem Zürcher Lindenhof: Staehelin, Schweiz[3] S. 374.

D   M

HIC SITVS EST
L AEL VRBICVS
QVI VIX IT AN
VN M V D V
VNO Q CVI B
P R STATVR C N
X L C ET A SIC VN D
P DVLCISSIM F

194. Grabstein der Flavia Sacrilla

Grabaltar, gefunden 1937 auf dem Lindenhof in Zürich, heute im Landesmuseum Zürich. Masse: 128 × 52 × 37 cm, Buchstabenhöhe 5–6 cm. (Z. 1 = 11 cm.)

D(is) M(anibus) | [F]la(viae) Sacrillae | [. .] Iul(ius) Marcellus | [s]ocru sanctis(simae) | ⁵[e]t Val(eria) Sancta | matri pientiss(imae) | d(e) s(uo) p(onendum) c(uraverunt).

Den Manen. Der Flavia Sacrilla haben . . Iulius Marcellus, seiner ehrwürdigsten Schwiegermutter, und Valeria Sancta, ihrer liebsten Mutter, (diesen Stein) aus eigenen Mitteln setzen lassen.

In der Familie, in welcher die klassischen Aristokratennamen der Flavier, Iulier, Valerier vertreten sind, haben die Frauen religiös bestimmte Cognomia, Sacrilla und Sancta.
Socrus, -us, Schwiegermutter, bildet den Dativ normal auf -ui.

Lit.: Howald-Meyer 262; H. Lieb, Ber. Röm.-German. Komm. 40, 1959, 87

D   M

...LA SACELLAE
IVL MARCELLVS
OCRVS AVG ES
T VAL SANCTA
MATRI PIENTISS
D S P C

195. Weihung des Caius Octavius Provincialis

Weihaltar aus rötlichem Stein, den Gilg Tschudi im 16. Jh. an der Kirchenpforte von Jona (St. Gallen) bei Rapperswil sah, heute im Heimatmuseum Rapperswil. Der Name der Gottheit, der der Stein geweiht war, ist verschwunden; er muss über der Inschrift gestanden sein. Der Stein weist oben eine runde Eintiefung auf, wird also wohl im Mittelalter als Weihwasserstein benutzt worden sein. Masse: 92 × 57 × 39 cm, Schriftfeld 49 × 41 cm, Buchstabenhöhe 5 cm.

C(aius) Oc(tavius) Provin|cialis sign(ifer) c(ohortis) | (et) C(aius) Ul[a]gius Vis|[cus] pro se su|[isque] omnib(us).

Caius Octavius Provincialis, Standartenträger der Kohorte, und Caius Ulagius Viscus (weihten diesen Stein) für sich und alle ihre Angehörigen.

Die Ergänzungen sind unsicher. Der Familienname der ersten Person könnte auch zu Occius, Ocilius, Oclatius, Octonius usw. ergänzt werden. Provincialis als Cognomen kommt auch bei Freigelassenen vor. Signifer cohortis ist Mommsens Auflösung. Ob es sich um den Fahnenträger einer Legionskohorte oder einer Auxiliareinheit handelt, können wir nicht wissen. Auch der zweite Name ist verschieden ergänzt worden: Ulagius Vestalis (Mommsen), Ulagius Viscus (E. Meyer). Der Familienname scheint keltisch.

Lit.: Mommsen, ICH 237; CIL XIII 5247; Riese 3591; Howald-Meyer 263.

COC PROVIN
CIALIS SIGNO
VL GIVS VI
PROSES
MNI

196. Weihung an Jupiter, Juno und die andern Götter

Fragment eines Weihaltars, gefunden 1885 in Seegräben bei Wetzikon (ZH), heute im Landesmuseum Zürich. Masse: 50 × 40 × 23 cm, Buchstabenhöhe 6 cm. (Zeile 1 = 13 cm.)

[I(ovi)] o(ptimo) m(aximo) | Iuno(ni) reg(inae) | d(iis) d(eabus) q(ue) om(nibus) | Pri ...

Dem Jupiter Optimus Maximus, der Königin Juno, allen Göttern und Göttinnen (geweiht) von Pri ...

Jupiter Optimus Maximus und Juno Regina gehören zu den alten Göttern des römischen Staatskultes. Wer mit den Dii und Deae, die mit dem Götterpaar verbunden sind, gemeint ist, scheint nicht klar, da Gläubige italischer, orientalischer und gallischer Herkunft Götterkollegien verehren. Jupiter Optimus Maximus und Juno Regina zusammen auch auf der Stiftung von Moudon (No. 70).

Lit.: CIL XIII 5248; zu den gallischen Göttertriaden: K. Prümm, Religionsgeschichtliches Handbuch, 1943, S. 703 f.

IVNO RG
D D O M

197. Bauinschrift am spätantiken Kastell Winterthur

Der Steinblock mit der rechts abgebrochenen Inschrift kam schon im Mittelalter nach Konstanz, wo er von Humanisten gesehen worden ist. Auch Gilg Tschudi kopierte den Stein. Er schlug für den verlorenen Teil eine Ergänzung vor und gab vor, die Inschrift noch unversehrt gelesen zu haben, welche Behauptung schon deshalb nicht stimmen kann, weil Tschudi im gemeldeten Jahre 1520 erst 15jährig war. Mommsen hat Tschudis Phantasie korrigiert. 1961 wurde der Stein nach Winterthur zurückgegeben, wo er heute im Rathaus aufbewahrt wird. Masse: 165 × 73 × 25 cm, Buchstabenhöhe 6,5–7 cm.

[I]mp(erator) Caes(ar) C(aius) Aure(lius) Val(erius) Diocletian[us pont(ifex) max(imus) Ger(manicus) max(imus)] | *Sar(maticus) max(imus) Pers(icus) max(imus) trib(unicia) pot(estate) XI im[p(erator) X co(n)s(ul) V p(ater) p(atriae) proco(n)s(ul) et]* | *imp(erator) Caes(ar) M(arcus) Aur(elius) Val(erius) Maxsimi[anus pont(ifex) max(imus) Ger(manicus)* **)** *max(imus) Sar(maticus)]* | *max(imus) Pers(icus) max(imus) trib(unicia) pot(estate) X imp(erator) VIIII co[(n)s(ul) IIII p(ater) p(atriae) proco(n)s(ul) p(ii) f(elices) inv(icti) Aug(usti)]* | ⁵*et Val(erius) Cons[t]antius et Gal(erius) Val(erius) [Maximianus nobilissimi* | *C]aes(ares) murum Vitudurensem a s[olo sumptu suo fecerunt]* | *Aurelio Proculo v(iro) p(erfectissimo) pr(aeside) [prov(inciae) curante].*

Der Kaiser Caius Aurelius Valerius Diocletianus, Pontifex Maximus, grösster Sieger über Germanen, Sarmaten, Perser, in seinem 11. Regierungsjahr, zum zehntenmal zum Imperator ausgerufen, zum fünftenmal Konsul, Vater des Vaterlandes, Prokonsul, und der Kaiser Marcus Aurelius Valerius Maximianus, Pontifex Maximus, grösster Sieger über Germanen, Sarmaten, Perser, in seinem 10. Regierungsjahr, zum neuntenmal zum Imperator ausgerufen, zum viertenmal Konsul, Vater des Vaterlandes, Prokonsul, die frommen, glücklichen, unbesieglichen Oberkaiser, und Valerius Constantius und Galerius Valerius Maximianus, die erlauchtesten Unterkaiser, haben das Kastell Winterthur von Grund auf auf ihre Kosten errichten lassen, unter Leitung des Aurelius Proculus, im Rang der Vollkommenheit, Statthalters der Provinz.

Die Inschrift, welche die offiziellen Titulaturen der Kaiser der 1. Tetrarchie enthält, ist durch die Tribuniciae Potestates auf das

Jahr 294 n. Chr. datiert. Das war unmittelbar nach der Stabilisierung der Donaugrenze, bevor Diokletian nach dem Osten abreiste. Der Bau des Kastells gehört zur Sicherung des Rhein-Donau-Abschnitts. Vir perfectissimus ist seit dem 2. Jh. n. Chr. eine der höchsten Rangbezeichnungen der ritterlichen Karriere. Über dem Perfectissimat steht noch der Vir eminentissimus, der Prätorianerpräfekt.

Lit.: Mommsen, ICH 239; CIL XIII 5249; Riese 296; Howald-Meyer 264. Zum Kastell Winterthur: Staehelin, Schweiz[3] S. 273 f.

198. Weihung an die Dea Fortuna

Fragment eines Weihaltars, gefunden 1875 in Eschenz (Thurgau), heute im Rosgarten-Museum Konstanz aufbewahrt. Masse: 40 × 36 × 21 cm, erhaltenes Schriftfeld 34 × 15 cm, Buchstabenhöhe 3–3,5 cm.

Deae For tun(a)e vik(ani) [Ta] sg(aetienses) posu[er(unt)] | cu-[rante . . .].

Der Göttin Fortuna haben die Dorfbewohner von Tasgaetium (diesen Stein) aufgestellt, unter Leitung des . . .

Hinter der Glücksgöttin, der hellenistischen Τύχη, dürfte sich eine einheimische Gottheit verstecken. Die Weihenden sind die Bewohner des Dorfes Tasgaetium, der Zivilsiedlung unterhalb des römischen Kastells Burg am Ausfluss des Untersees. Der Name des Dorfvorstehers, der den Altar errichtet hat, ist nicht erhalten.

Lit.: CIL XIII 5254; Riese 2075; Howald-Meyer 369. Zum vicus Tasgaetium, aus dem der Name des heutigen Eschenz hervorgegangen ist, Staehelin, Schweiz[3] S. 184 f.

199. Spätantike Bauinschrift eines Rheinkastells

Zwei Bruchstücke der Bauinschrift vom diokletianischen Kastell Burg bei Stein am Rhein. Gilg Tschudi und Stumpf sahen sie noch im Fussboden der Kirche Burg eingemauert. Die Fragmente werden heute im Museum Allerheiligen in Schaffhausen aufbewahrt, gehören aber nicht so zusammen, wie sie aufgestellt sind: das linke Stück war Inschriftanfang, es folgte ein verlorenes Zwischenstück, danach das erhaltene rechte Fragment, das Schlussstück der Inschrift rechts ist wieder verloren. Durch die lange Benützung der Stücke als Bodenplatten sind die meisten Buchstaben verschwunden. Masse: linkes Fragment 75 × 72 × 15 cm, rechtes Fragment 75 × 64 × 15 cm, Buchstabenhöhe 7–8 cm.

Imp(erator) Caes(ar) Caius [Aurelius Valerius Diocletianus pont(ifex) max(imus) Ger(manicus) max(imus) Sar(maticus) max(imus) | Pers(icus) max(imus)] trib(unicia) p(o)t(estate) [XI imp(erator) X co(n)s(ul) V p(ater) p(atriae) proco(n)s(ul) | et imp(erator) Caes(ar)] M[arcus Aurelius Valerius Maximianus pont(ifex) max(imus) Ger(manicus) max(imus) Sar(maticus) max(imus) Pers(icus) max(imus) trib(unicia) pot(estate) X imp(erator) VIIII | co(n)s(ul) III] p(ater) p(atriae) [pr]oc[o(n)s(ul) pii felices in]v[i]c[ti Augusti et Valerius Constantius | ⁵et Galerius V]a(lerius) M[aximianus n]ob[il]iss[imi Caesares nostri | murum T]asg[aetinum a sol]o sum(p)tu su[o refecerunt Aurelio Proculo v(iro) p(erfectissimo) | praesi]de [prov(inciae) curante].

Der Kaiser Caius Aurelius Valerius Diocletianus, Pontifex maximus, grösster Sieger über die Germanen, Sarmaten, Perser, im 11. Jahr seiner tribunizischen Gewalt, zum zehntenmal Imperator, zum fünftenmal Consul, Vater des Vaterlandes, Proconsul, und der Kaiser Marcus Aurelius Valerius Maximianus, Pontifex maximus, grösster Sieger über Germanen, Sarmaten, Perser, im 10. Jahr seiner tribunizischen Gewalt, zum neuntenmal Imperator, zum drittenmal Consul, Vater des Vaterlandes, Proconsul, die frommen, glücklichen unbesiegten Oberkaiser, und Valerius Constantius und Galerius Valerius Maximianus, unsere erlauchtesten Unterkaiser, haben die Mauer von Tasgaetium von Grund auf auf ihre Kosten wiederherstellen lassen, unter Leitung des Aurelius Proculus, Beamten der zweithöchsten Rangklasse, Provinzstatthalters.

Die Ergänzung der verstümmelten Inschrift ist nach No. 197 vom Kastell Winterthur geschehen, wie E. Meyer vorgeschlagen hat. Die Komplettierung ist aber unsicher. Vermutlich ist das Kastell Burg im gleichen Jahr 294 n. Chr. wie Winterthur ausgebaut worden.

Lit.: Mommsen, ICH 272; CIL XIII 5256; Riese 297; Howald-Meyer 370. Über das Kastell Tasgaetium vgl. Staehelin, Schweiz[3] S. 274 f.

200. Renovationsinschrift einer Badeanlage

Bauinschrift, gefunden 1875 in Eschenz (Thurgau), heute im Rosgarten-Museum Konstanz im unteren Saal eingemauert. Masse: 51 × 41 cm, Buchstabenhöhe 3,5–4 cm.

Balneum vetusta[te] | co(n)sum(p)t(um) v[ik(ani)] Tasg(aetienses) | a solo resti[t]uer(unt) | cur(antibus) Car(ato) Car[ati f(ilio)] | ⁵et Fl(avio) Adiecto Q[ui(nti) f(ilio) et] | Aurel(io) Celso et C[ilto] | Cilti fil(io).

Das Bad, das vor Alter verfallen war, haben die Dorfbewohner von Tasgaetium von Grund auf wiederhergestellt unter Leitung von Caratus, Sohn des Caratus, und Flavius Adjectus, Sohn des Quintus, und Aurelius Celsus und Ciltus, Sohn des Ciltus.

Die Inschrift ist ein schöner Beleg dafür, dass auch bescheidene gallo-römische Dörfer wie Tasgaetium ein eigenes öffentliches Bad besassen. Für die Renovation zeichnen die Dorfbehörden, deren genaue Titel wir nicht kennen. Es gibt Magistri, Quaestores, Aediles usw.; die Dorfversammlung sind die Vicani. Unter den Namen fallen die keltischen Caratus und Ciltus auf.

Lit.: CIL XIII 5257; Riese 2076; Howald-Meyer 368. Über Vicus und Bad von Tasgaetium vgl. Staehelin, Schweiz³ S. 184 f.

201. Bauinschrift des Rheinkastells am oberen Laufen

Bruchstück einer Schriftplatte aus Tuffstein, gefunden 1906 beim kleinen Laufen oberhalb Koblenz, heute im Landesmuseum Zürich. Masse: 36 × 34 × 8 cm, Buchstabenhöhe 2,5–4,5 cm.

Salvi[s d(ominis) n(ostris)] | Valent[iniano] | Valente e[t Gratiano] | per(petuis) tr(iumphatoribus) senp[er Aug(ustis) in] | ⁵summa rapida [burgum .....] | fecit sub cura [– – –] | consul(ibus) d(omino) n(ostro) Gratian[o] II et Fl(avio) Probo v(iro) c(larissimo).

Unter der heilen Regierung unserer Herren Valentinianus, Valens und Gratianus, den stetigen Triumphatoren und immer erlauchten Kaisern hat .... an der oberen Stromschnelle diesen Wachtturm erbaut, unter Leitung des ..... Im Jahr, als unser Herr Gratianus zum zweitenmal und Flavius Probus, der erlauchte Herr, Konsuln waren.

Die Ergänzung der Inschrift, wie sie hier geboten wird, weicht von der Ergänzung im Landesmuseum ab. In Zürich ist in Zeile 5 nach No. 202 die Legio octava Gratianensium, die Truppe eingefügt, welche den Bau besorgt haben kann. Es ist aber unsicher, ob beide Inschriften in den Bauangaben übereinstimmten. – Der Wachtturm am Kadelburger Laufen ist ein Stück Rheinbefestigung, welches Kaiser Valentinian im Jahre 371 n. Chr. anlegte. Das Datum hat sich vollständig auf dem Stein No. 202 vom Schwaderloch erhalten. Kurz danach hat sich der Kaiser in Basel aufgehalten, was Ammianus Marcellinus zum Jahre 374 erzählt (30, 3, 1). Die Namen des mit dem Bau beauftragten Offiziers und seines Vorgesetzten sind nicht erhalten. Der Titel des v(ir) c(larissimus) ist die seit dem 2. J. n. Chr. übliche Rangbezeichnung für die Senatoren. Die beiden Inschriften 201 und 202 gehören zu den letzten datierbaren Dokumenten der römischen Schweiz.

Lit.: CIL XIII 11537; Riese 320; Howald-Meyer 339. Zu den Rheinkastellen Valentinians: Staehelin, Schweiz[3] S. 294 ff.

...LVIS ...P DN A...
...O LLN ...NTAN...
...LLNILL ...
...CLA PA...DNN
...PANC BVRSA
...A COCONLINLES...A
...NENSI LLGESVBC...
...RIPPCONSVDNGRATIANO...
...OBOVC

202. Bauinschrift des Rheinkastells bei Etzgen

Bauinschrift eines spätantiken Befestigungsturmes am Rhein, gefunden 1892 «in der roten Waag» bei Etzgen (AG), heute im Vindonissa-Museum Brugg. Masse: 51 × 45 cm, Buchstabenhöhe 3–5,5 cm.

[S]alvis d(ominis) n(ostris) | Valentiniano | [Va]lente et Gratiano | [victo]r(ibus) senp(er) Aug(ustis) burgum | [5][...]iaco confine leg(io) octa(va) | [Grati]anensium fecit sub cur(a) | [.....]ri p(rae)p(ositi) consu(libus) d(omino) n(ostro) Gratiano II | [et Fl(avio) P]robo v(iro) c(larissimo).

Unter der heilen Regierung unserer Herren Valentinianus, Valens und Gratianus, der siegreichen und immer erlauchten Kaiser, hat die 8. nach Gratianus genannte Legion diese Warte errichtet an der .... Grenze, unter Leitung des Kommandanten ...., im Jahre, als unser Herr Gratianus zum zweiten Male, und Flavius Probus, der erlauchte Herr, Konsuln waren.

Der Turm bei Etzgen ist, wie die Warte am Kadelburger Laufen (No. 201), ein Stück der valentinianischen Rheinbefestigung des Jahres 371 n. Chr. Die Legio VIII Gratianensium ist eine der Einheiten des spätantiken Heeres, welche zum Bau der Befestigungen eingesetzt worden sind.

Lit.: CIL XIII 11538; Riese 319; Howald-Meyer 340. Zur Rheinbefestigung Valentinians: Staehelin, Schweiz[3] S. 294 ff. Zur spätantiken Heereseinteilung: D. Hoffmann, Das spätrömische Bewegungsheer und die Notitia Dignitatum I, 1969 S. 455.

SALVIS DDD NNN
VALENTINIANO
VALENTE ET GRATIANO
PERPE[T]SEN[P] AVG BVRGVM IN
SVPRA RAPIDA LEG OCTAVA GRAT
FECIT SVB CVRA .... RIPP
.... CON GRATIANO II ET FL PROBO VC

203. Weihung der Brüder Sanucii an Mercurius

Fragmente einer Platte aus weissem Jurakalk, 1837 und 1887 an verschiedenen Stellen in der Kastellmauer von Kaiseraugst gefunden, seit 1957 im Römermuseum Augst aufbewahrt. Masse der zusammengesetzten Platte: 150 × 77 cm, Schriftfläche 82 × 51 cm, Buchstabenhöhe 5–7 cm.

[Merc]ur(io) | M(arcus) [et Q(uintus) Sa]nuci Atti | San[uci fil]i Quir(ina tribu) Mes|sor et Melo ex voto | ⁵quod [p]ater eorum | s[u]sceperat.

Dem Mercurius, Marcus Sanucius Messor und Quintus Sanucius Melo, Söhne des Attius Sanucus, aus der Bürgertribus Quirina, auf Grund eines Gelübdes, das ihr Vater abgelegt hatte.

Die Weihung gilt dem keltischen Merkur, der nach Caesar (bell. Gall. 6, 17, 1) von den Galliern als Hauptgott verehrt wurde. Der Vater, welcher das Gelübde abgelegt hatte, trug den Familiennamen Attius, ein Gentile, das durch Augustus' Mutter Atia berühmt wurde. Die Quirina ist die Tribus aller Neubürger in Augst. Dagegen ist der Beiname Sanucus keltischer Herkunft. Die beiden Söhne folgten bei ihrer Namenwahl nicht der römischen Sitte, den Gentilnamen des Vaters zu bewahren, sondern bildeten nach gallisch-germanischem Brauch neue Nomina aus dem Beinamen des Vaters. So entstand Sanucius aus Sanucus wie in Avenches Macrius aus Macer (No. 90). Man führt diese Art der Namengebung auf altindogermanische Praxis zurück, wozu das griechische Musterbeispiel Aiax, Sohn des Telamon, Τελαμώνιος Αἴας gegeben wird. Die römische Sitte der tria nomina dürfte auf etruskischen Einfluss zurückgehen. Von den beiden Beinamen der Söhne, Messor und Melo, scheint der erste lateinisch (messor, der Schnitter), der zweite keltisch. Mommsen hat diesen Namen noch *[M]AELO* gelesen (der Buchstaben vor dem E, von dem sich nur eine Hasta erhalten hat, kann A oder M sein), bei der Rekonstruktion der Inschrift 1957 ist der Name zu MELO ergänzt worden.

Lit.: Mommsen, ICH 277; CIL XIII 5258; Riese 3267; Howald-Meyer 350.

MERCVR
MET·Q·SANVCIAT·TI
SANVCI·FILI·QVIR·MES
SOR·ET·MELO·EX·VOTO
QVOD·PATER·EORVM
SVSCEPERAT

204. Weihung des Quintus Attius Messor an Mercurius Augustus

Platte aus weissem Jurakalk, gefunden in den Mauern des Kastells Kaiseraugst 1887, heute im Römermuseum Augst. Masse: 38 × 38 cm, Buchstabenhöhe 5,5 cm.

Merc(urio) Aug(usto) | *Q(uintus) Attius* | *Messor* | *v(otum) s(olvit) l(ibens) m(erito).*

Dem Mercurius Augustus erfüllte Quintus Attius Messor gern und nach Gebühr sein Gelübde.

Mercurius ist nach Caesar (bell. Gall. 6, 17, 1) der keltische Hauptgott. Die Verehrung von Mercurius Augustus zeigt die Verbindung des traditionell gallischen Götterkultes mit dem Kaiserkult. Der Stifter, Quintus Attius Messor, dürfte ein Bruder oder naher Verwandter des Stifters von No. 203 sein.

Lit.: CIL XIII 5259; Howald-Meyer 351. Zur Verehrung des Mercurius Augustus: Staehelin, Schweiz[3] S. 503 ff.

205. Weihung des Lucius Ciltius Cossus an Mercurius Augustus

Inschriftplatte aus weissem Jurakalk, gefunden 1887 in den Fundamenten der Kastellmauer Kaiseraugst, heute im Römermuseum Augst. Masse: 85 × 53 cm. Schriftfläche 65 × 36 cm, Buchstabenhöhe 4,5–7 cm.

Mercurio | Augusto sacr(um) | L(ucius) Ciltius Celtil|li f(ilius) Quirina (tribu) Cos|⁵sus IIIIII vir Aug(ustalis) l(ocus) d(atus) d(ecreto) d(ecurionum).

Dem Mercurius Augustus geweiht. Lucius Ciltius Cossus, Sohn des Celtillus, aus der Bürgertribus Quirina, Mitglied der kaiserlichen Sechserherren. Der Platz (für die Inschrift) wurde durch Beschluss des Stadtrates gegeben.

Die Inschrift gehört in die Serie der Mercurius-Augustus-Weihungen aus Augst (NN. 202–205), die nach Zerstörung der Stadt in die spätantike Kastellmauer Kaiseraugst verbaut worden sind. Der Stifter des vorliegenden Stückes ist in erster Generation Römer, denn sein Vater trug noch den gallischen Namen Celtillus, was der Neurömer vielleicht nicht ohne Stolz notierte, da es auch der Name von Vercingetorix' Vater war. Die Quirina ist die Tribus der Neubürger von Augst, in welche die freigeborenen Städter eingeschrieben werden. Was nicht zu dieser Stellung des Stifters passt, ist seine Mitgliedschaft bei den Seviri Augustales, der Kaiserkultvereinigung, die üblicherweise aus Freigelassenen zusammengesetzt war. Manchmal nehmen aber diese Kollegien auch freigeborene römische Bürger oder Sklaven auf. – Der Familienname des Stifters lautet Ciltius mit anlautendem C (nicht, wie die Ausgaben wiedergeben, mit G); er ist abgeleitet vom keltischen Namen Ciltus (CIL XIII 5257 = No. 200) und kommt auch in Grenoble vor (CIL XII 2266, Hinweis von H.-G. Pflaum). Das Cognomen Cossus (wörtlich «der Holzwurm») ist ursprünglich Spitzname und auch in senatorischen Familien wie bei den Corneliern getragen.

Lit.: CIL XIII 5260; Howald-Meyer 344. Über die Seviri Augustales vgl. Staehelin, Schweiz[3] S. 157 f. Wissowa, RE II Sp. 2351 ff. s. v. Augustales.

206. Fragment einer Kaiserinschrift

Zwei Bruchstücke aus Jurakalkstein, 1862 in der Gegend des Hauptforums von Augst gefunden; das eine Fragment ist verloren gegangen, das andere wird im Römermuseum Augst aufbewahrt. Masse: 20 × 21 × 22 cm, Buchstabenhöhe 4 cm.

[im]p(erator) X [co(n)s(ul)...] | desig(natus) [...]

zum zehntenmal zum Imperator ausgerufen, zum ... mal Konsul, zum ... Konsulat designiert ...

Die 10. Akklamation und die Designation für ein Konsulat reichen nicht aus, den Kaiser der Inschrift zu bestimmen. Es kann sich um Claudius, Vespasian, Titus, Domitian oder einen späteren Kaiser handeln.

Lit.: F. Keller, Nachtrag zu Mommsens ICH 40; CIL XIII 5265.

207. Fragment der Bauinschrift für eine Badeanlage

Bruchstück eines Kalksteinbalkens mit Resten von zwei Inschriftzeilen, gefunden 1887 in den Fundamenten des Kastells Kaiseraugst, heute im Römermuseum Augst. Masse: 64 × 42 cm, Buchstabenhöhe 15 cm.

. . . .] et [. . . . | . . .]g bal[neas . . .

. . . . und . . . . . . Bäder . .

Die Grösse der Buchstaben lässt auf eine hoch oben angebrachte Bauinschrift schliessen. Von welchen der verschiedenen Thermen in Augst die Inschrift stammt, ist unbekannt, da der Stein in der spätantiken Kastellmauer als Baumaterial verwendet worden ist. Die grösste Badeanlage, der man eine grosse Inschrift zutrauen kann, scheinen die Zentralthermen gewesen zu sein, die während des Krieges 1942/44 angegraben worden sind.

Lit.: CIL XIII 5266. Über die Zentralthermen: R. Laur, Führer durch Augusta Raurica, 1973[4], S. 93 ff.

208. Grabstein des Veteranen Mucapora für seinen Sohn Valens

In mehrere Stücke zerbrochene Sandsteinplatte, 1861 hinter dem Basler Münster gefunden, heute im Historischen Museum in Basel. Masse des zusammengefügten Grabsteines: 125 × 75 cm, Schriftfeld 61 × 43 cm, Buchstabenhöhe 4–6 cm.

D(is) M(anibus) | Valentis Mu|capore fil(ii) | ann(orum) XIII Mu|⁵capora vete|ran(us) pat(er) p(onendum) c(uravit).

Den Manen des Valens, des Sohnes des Mucapora, 13 Jahre alt, hat Mucapora, der Veteran, sein Vater (diesen Stein) setzen lassen.

Der Name Mucapora ist thrakisch. Der Veteran muss in einer Auxiliareinheit, Kohorte oder Ala, gedient und sich nach der Dienstpflicht in der Nähe von Basel zur Ruhe gesetzt haben. Ein gleichnamiger thrakischer Reiter kommt in einem Mainzer Militärdiplom des Jahres 90 n. Chr. vor. Schon etwas früher hat ein Mucaporis in Bulgarien eine Weihinschrift hinterlassen. Schliesslich kennen wir einen höheren Offizier dieses Namens, welcher im Jahre 275 Kaiser Aurelian ermordete. Der Basler Mucapora gehörte wohl zu einer Hilfseinheit des obergermanischen Heeres. Obwohl er bei seiner Entlassung das römische Bürgerrecht mit den tria nomina bekommen hatte, scheint er aus Gewohnheit an seinem angestammten Namen festgehalten zu haben.

Lit.: F. Keller, Anhang zu Mommsens ICH 41; CIL XIII 5269; Howald-Meyer 367. Zusammenstellung der andern Thraker mit dem Namen Mucapora bei Th. Burckhardt-Biedermann, ASA NF 6, 1904/5, S. 116 ff.

209. Grabstein eines Veteranen aus der 1. Legion

Oben abgebrochene Sandsteinplatte mit eingetiefter Schriftfläche, gefunden in Kaiseraugst, war seit ungefähr 1830 in der Sammlung Schmid in Augst, heute im Römermuseum Augst. Masse: 82 × 75 × 15 cm, erhaltenes Schriftfeld 61 × 38 cm, Buchstabenhöhe 5–6 cm.

[--- | e]t diens XXII | vetaeranus | militavit in | l(egio) P(rima) M(artia) sig(nifer).

... der ... Jahre ... Monate und 22 Tage lebte, Veteran. Er diente in der 1. Mars-Legion als Fahnenträger.

Die Legio I Martia, in welcher der unbekannte Soldat diente, ist eine der in der spätantiken Heeresreform geschaffenen Grenzformationen. Sie lag an der Wende vom 3. zum 4. Jh. im Kastell Kaiseraugst und hat zahlreiche Ziegelstempel hinterlassen. Im Vergleich mit den Legionen der früheren Kaiserzeit sind die neuen Einheiten seit Diokletian auf $1/6$ ihres Bestandes reduziert, umfassten also nicht mehr als 1000 Mann pro Legion. Als Feldzeichen blieb ihnen der Adler, die Kohorten aber führten die aus dem Osten übernommenen Drachenfahnen. Ob unser Signifer Träger der Aquila oder eines der Dracones war, lässt sich aus dem Titel nicht ersehen.

Lit.: Mommsen, ICH 279; CIL XIII 5270; Riese 606; Howald-Meyer 338. Zur Legio Prima Martia: Staehelin, Schweiz[3] S. 279 f. Zur spätantiken Heeresorganisation allgemein: D. Hoffmann, Das spätantike Bewegungsheer und die Notitia Dignitatum, 1969.

TDIENS XX..
VTAERNS
MITAVITIV
LPMSIG

210. Fragment einer Inschrift für den Decurio Paternus

Kalksteinblock mit Resten von drei Inschriftzeilen, gefunden 1838 in den Fundamenten des in diesem Jahr abgebrochenen Spalenschwibbogens in Basel, heute im Historischen Museum Basel. Masse der erhaltenen Schriftfläche: 88 × 64 cm, Buchstabenhöhe 8–10 cm.

[Pate]rno dec(urioni) [omn(ibus) hon(oribus) | *ap]ud suos f[uncto* | *– – –].*

Dem Paternus, Stadtrat, der alle Ämter in seiner Stadt bekleidet hat . . .

Die Formel *apud suos functo* weist auf die Ehreninschrift eines städtischen Beamten hin, wie wir sie aus Avenches (NN. 85, 90) und andern Koloniestädten kennen. Dass der Geehrte *dec(urio),* Stadtrat, war, teilt die Inschrift der Kolonie Augst zu, denn die römische Siedlung von Basel besass keinen Decurionenrat. Freilich könnte der Augster Decurio auch auswärts von seinem Amtssitz geehrt worden sein. Der Name Paternus ist Ergänzung der ersten Herausgeber und deshalb gewählt, weil er in der römischen Schweiz verschiedentlich vorkommt (NN. 76, 102, 113, 125, 138).

Lit.: Mommsen, ICH 285; CIL XIII 5272; Riese 2081; Howald-Meyer 343. Zur Kolonieverfassung von Augst: Staehelin, Schweiz[3] S. 153 ff.; R. Frei-Stolba, Aufstieg u. Niedergang der röm. Welt (Festschrift Vogt) II, 5 (1976) S. 340 ff.

211. Grabstein für einen Fremden aus dem Biturigenland

Oben abgebrochene Sandsteinplatte, gefunden Mitte des 19. Jh. hinter dem Münster in Basel, heute im Historischen Museum Basel. Masse: 69 × 65 cm, eingetieftes Schriftfeld 47 × 45 cm, Buchstabenhöhe 5 cm. Die Lettern sind stark verwittert.

D(is) M(anibus) | *C(aio) Sua[....]do* | *ex civitate* | *Biturigum.*

Den Manen. Für Caius Sua....dus, aus der Civitas der Biturigen.

Die Inschrift ist heute so stark verwittert, dass man sich auf die Lesung der ersten Herausgeber verlassen muss. Beim Familiennamen des Verstorbenen dürfte es sich um einen gallo-römischen Namen wie Consuadullius, Suadullius (Schulze S. 21) handeln. Die Civitas Biturigum umfasste in der Kaiserzeit das alte Stammesgebiet der Biturigen um Avaricum, das heutige Bourges. Ob der in oder bei Basel Begrabene – wo die hinter dem Basler Münster gefundenen Inschriften ursprünglich gestanden sind, wissen wir nicht – als Händler oder aus andern Gründen an den Oberrhein kam, wissen wir nicht.

Lit.: CIL XIII 5276; Riese 2085; Howald-Meyer 364.

D M
SVA
EX CIVITAE
BITVRIGVM

212. Grabstein für Tiberius Ingenuius Satto und seinen Sohn

Grabaedicula aus weissem Sandstein, gefunden 1887 beim Abbruch der ehemaligen St. Ulrichskirche hinter dem Basler Münster, heute im Historischen Museum in Basel. Masse: 114 × 73 × 25 cm, Schriftfeld 43 × 40 cm, Buchstabenhöhe 5–6 cm.

D(is) M(anibus) | Ti(berii) In[g]enui | Sattonis et | Sabiniani | ^{5}fil(ii) med(ici).

Den Manen des Tiberius Ingenuius Satto, des Arztes und seines Sohnes Sabinianus.

Die ersten Herausgeber ziehen die Berufsbezeichnung Medicus zu Satto: der Erstgenannte muss also Arzt gewesen sein. Die Grabschrift gilt auch für seinen Sohn Sabinianus. Der Familienname leitet sich von Ingenuus ab, der Bezeichnung für den Abkommen einer freien Mutter und eines unfreien (oder freigelassenen) Vaters. Es kommen für diesen Namen die Schreibungen Ingenuius, Ingenuvius und Ingenuinius vor. Das Cognomen Satto ist keltischer Provenienz. In der Regel sind die Ärzte, die wir aus der römischen Schweiz kennen, griechischer Herkunft, nicht gallischer. Im Giebelfeld der Aedicula ist eine Rose angebracht, wie auch häufig auf Soldatengrabsteinen.

Lit.: CIL XIII 5277; Riese 2083; Howald-Meyer 359. Zu den Ärzten in der römischen Schweiz: Staehelin, Schweiz^3 S. 485 ff.

213. Grabstein für Adianto und Marulina

Stark verwitterte Sandsteinplatte, zu Anfang des 17. Jh. in Augst gefunden, heute im Historischen Museum in Basel. Masse: 118 × 85 cm, Schriftfeld 71 × 55 cm, Buchstabenhöhe 4,5–5,5 cm.

D(is) M(anibus) | Adiantoni Toutio | et Marulin(ae) Maru|[li f(iliae)] coniugi Adled,⁵[us et] Adnamtus | [fili eor]um p(onendum) c(uraverunt).

Den Manen. Für Adianto, Sohn des Toutos, und Marulina, Tochter des Marulus, seine Gattin, haben Adledus und Adnamtus, die Söhne, (diesen Stein) setzen lassen.

Schönes Beispiel für die Grabschrift einer keltischen Familie in römischer Zeit. Dem Namen des Vaters Adianto verwandt ist derjenige eines aquitanischen Führers gegen Caesar, Adiatuanus (bell. Gall. 3, 22, 1). Die Filiation ist patronymisch gebildet: Toutius aus Toutus oder Toutos. Der Name wird mit dem Stamm der Toutonen zusammenhängen. Marulus und Marulina besitzen denselben Bestandteil wie der keltische Name Maroboduus.
Der Stein trug über der Inschrift zwei Giebelhäuschen mit den Porträtköpfen der Verstorbenen, welche Bilder aber der Verwitterung zum Opfer gefallen sind.

Lit.: Mommsen, ICH 284; CIL XIII 5278; Riese 3946; Howald-Meyer 353. Zusammenstellung der keltischen Namen in Augst: Staehelin, Schweiz[3] S. 496.

214. Grabstein für Marcus Attonius Apronianus

Rote Sandsteinplatte, gefunden 1837 hinter dem Basler Münster, heute im Historischen Museum Basel. Masse: 170 × 63 × 30 cm, Schriftfeld 76 × 47 cm, Buchstabenhöhe 5–7 cm.

D(is) M(anibus) | *M(arco) Atto|nio Ap|ronia|⁵no L(ucius) Ca|rassou|nius Pan|turo frat(er).*

Den Manen. Für Marcus Attonius Apronianus, Lucius Carassounius Panturo, sein Bruder.

Die beiden Brüder tragen verschiedene Familiennamen, haben also das römische Bürgerrecht zu verschiedenen Zeiten oder von verschiedener Seite erhalten. Attonius ist nach dem Urteil von W. Schulze (S. 68) keltisch, Carassounius gibt sich schon durch die lautliche Bildung als gallischen Namen zu erkennen. Ein Sklavenhändler mit Namen C. Domitius Carassounus hat auf dem Grossen St. Bernhard ein Votivtäfelchen deponiert (Howald-Meyer 82), und der erste Namenbestandteil kommt bei den Kelten Caratacus und Caratillus vor. Von den Cognomina ist Apronianus, Ableitung von der Gens Apronia, ein häufiger Beiname der Kaiserzeit, dagegen kommt Panturo nur hier vor.

Lit.: Mommsen, ICH 287; CIL XIII 5279; Riese 3928; Howald-Meyer 354.

215. Grabstein für Publius Aulius Memusus

Rote Sandsteinplatte, gefunden 1843/44 in Augst, heute im Historischen Museum in Basel. Masse: 81 × 58 cm, Buchstabenhöhe 4 cm. Die Lettern sind stark verwittert.

D(is) M(anibus) | *P(ublio) Aulio Memuso* | *Prittusa Liberi (coniunx)* | *fratri pientis|⁵simo* | *p(onendum) c(uravit).*

Den Manen. Dem Publius Aulius Memusus hat Prittusa, die Gattin des Liber, ihrem lieben Bruder (diesen Stein) setzen lassen.

Die Gens Aulia, nach Schulze S. 73 ursprünglich etruskisches Geschlecht, ist Ende des 4. Jh. v. Chr. einmal zum Konsulat gekommen, dann aber während der Republik nie mehr hervorgetreten. Dass aber das Geschlecht weiterlebte, beweisen eine Soldateninschrift aus Lambaesis (CIL VIII 3049) und eine Urnenaufschrift aus Puteoli (Dessau 7845). Das Cognomen Memusus betrachtet Staehelin (S. 496) als keltisch. Auch den Frauennamen Prittusa sieht Staehelin als keltisch an.

Lit.: Mommsen, ICH 288; CIL XIII 5280; Riese 3757; Howald-Meyer 355. Sammlung keltischer Namen bei Staehelin, Schweiz³ S. 496.

D   M
PAVLIO MEMVSO
PRITTVSA LIBERI
FRATRI PIENTIS
    SIMO
P   C

216. Grabschrift des Bellinus für seinen Sohn Divichtus

Grosse Kalksteinplatte, 1837 beim Abbruch der St. Ulrichskapelle hinter dem Münster zu Basel gefunden, heute im Historischen Museum Basel. Die Platte enthält drei Schriftfelder in Aedicula-Form, von denen nur das rechte beschrieben ist. Vielleicht waren die unbenützten Felder für weitere Glieder der Familie bestimmt. Masse: Ganze Platte 150 × 72 × 30 cm, rechtes Schriftfeld 41 × 33 cm, Buchstabenhöhe 5 cm.

D(is) M(anibus) | Bellinus | Divixt(o) | filio.

Den Manen. Bellinus seinem Sohn Divichtus.

Vater und Sohn scheinen peregrinen oder unfreien Standes gewesen zu sein. Staehelin schreibt beiden Namen keltischen Ursprung zu. Der zweite, Divichtus, ist nicht zu trennen vom Namen des berühmten helvetischen Führers Divico. Der Laut x ist griechisches Χ wie in der Weihung an die keltische Göttin Anextlomara (No. 104). Diese Schreibung wird im allgemeinen auf die frühere Verwendung der griechischen Schrift durch die Gallier zurückgeführt (Caesar, bell. Gall. 1, 29, 1).

Lit.: Mommsen, ICH 289; CIL XIII 5281; Riese 3762; Howald-Meyer 356.

D   M
BELLIKA
DIVE T
FILIO

217. Grabschrift für Blandus, Sohn des Vindaluco

Platte aus Jurakalk, 1803 in Augst gefunden, heute im Römermuseum in Augst. Masse: 62 × 42 cm, Schriftfläche 47 × 28 cm, Buchstabenhöhe 2–4 cm.

Blandus Vin|dalucon(is) hic s(itus) e(st) | fili pro pietate posier(unt).

Blandus, Sohn des Vindaluco, liegt hier begraben. Seine Söhne haben (den Stein) in Ehrfurcht setzen lassen.

Das Adjektiv *blandus* bedeutet «einnehmend», «gewinnend», «schmeichlerisch» und kommt als Sklavenname vor (CIL V 3257). Der keltische Name Vindaluco enthält den häufig vorkommenden Bestandteil *vind-*, der vermutlich «weiss» bedeutet. Zahlreiche gallische Orts- (Vindonissa, Vindobona) und Personennamen (Vindonnus, Vindoridius) sind mit ihm gebildet. Der Sklave Blandus, dem die Grabschrift gilt, war also einheimisch-keltischer Abstammung und dürfte mit seiner Familie in einem römischen Hause oder auf einem Gutshof gearbeitet haben.

Lit.: Mommsen, ICH 290; CIL XIII 5282; Riese 3765; Howald-Meyer 357. Zu den keltischen Namen auf Vind-: Staehelin, Schweiz[3] S. 44.

218. Inschriftenfragment im Basler Museum

Unter den römischen Inschriften im Historischen Museum zu Basel befindet sich (in der Wand eingemauert) ein roter Sandsteinblock mit den drei eingemeisselten Buchstaben

P . C . R
Buchstabengrösse 12 cm.

Angesichts der Grösse der Buchstaben wird man das Ende einer Bauinschrift vermuten. Die Bedeutung der Abkürzungen (P: *praefectus, publice, posuit* ??, C . R: *civium Romanorum* ??) ist bisher nicht befriedigend erklärt.

Lit.: CIL XIII 5283.

219. Grabstein für Castius Peregrinus

In zwei Teile zerbrochener Grabstein aus Jurakalk, gefunden in Augst, heute im Römermuseum Augst. Masse: linkes Fragment 100 × 44 × 24 cm, rechtes Fragment 78 × 37 × 24 cm; Buchstabenhöhe 6 cm.

[D(is)] M(anibus) | Castio | Peregrino | Castia | ⁵co(n)iu[nx].

Den Manen. Für Castius Peregrinus Castia, seine Gattin.

Der Familienname Castius, verwandt mit Casticus, Castus, scheint keltisch. CIL III 5324 wird ein G. Castius Avitus erwähnt.

Lit.: Mommsen, ICH 302; CIL XIII 5284.

220. Grabstein der Ioincatia Nundina

Grabstein aus rotem Sandstein, gefunden 1861 hinter dem Basler Münster, heute im Historischen Museum Basel. Masse: 170 × 75 × 16 cm, Buchstabenhöhe 6,5–7 cm.

D(is) M(anibus) | Ioincatiae | Nundinae.

Den Manen der Ioincatia Nundina.

Der keltische Name Ioincatia wird von den früheren Herausgebern mit inschriftlich belegten Namenformen wie Ioincus, Iovincia, Iovincatus, Iovincillus zusammengebracht. Das Cognomen Nundina muss, wenn es lateinisch ist, mit den Nundinae, dem 9-Tage-Termin der Märkte, zu tun haben. Nundina wird auch die Göttin der Namengebung und Lustration genannt, welcher Akt bei den neugeborenen Mädchen am 8. Tage nach der Geburt, bei den Knaben am 9. Tage geschieht.
Im Giebelfeld über der Inschrift war das (heute verstümmelte) Porträt der Toten angebracht.

Lit.: F. Keller, Nachtrag zu Mommsen, ICH 43; CIL XIII 5287; Howald-Meyer 360.

221. Grabstein des Freigelassenen Caius Iulius Fecundus

In zwei Teile zerbrochene Grabplatte aus tuffartigem Kalkstein, gefunden 1861 hinter dem Basler Münster, heute im Historischen Museum Basel. Masse: 118 × 64 × 30 cm, Buchstabenhöhe 5 cm.

C(aius) Iulius | C(ai) l(ibertus) Fecu(ndus) | an(norum) [...] hic | sit(us) est | ⁵Urbana | Iulia f(ilia) pos(u)it | patri pieta|tis causa.

Caius Iulius Fecu(ndus), Freigelassener des Caius, liegt hier begraben. Urbana Iulia, seine Tochter, hat (den Stein) gesetzt für ihren Vater aus dankbarer Kindesliebe.

Die Ergänzung des Cognomens zu Fecundus ist unsicher.

Lit.: F. Keller, Nachtrag zu Mommsen ICH 42; CIL XIII 5290.

222. Grabschrift für Marinius Attilianus

Fragment einer Kalksteinplatte, 1842 in Augst gefunden, heute im Römermuseum in Augst. Masse: 46 × 32 cm, erhaltenes Schriftfeld 34 × 23 cm, Buchstabenhöhe 6–7 cm.

Marini(o) | Cossi | filio Attili|[ano ? . . .].

Für Marinius Attilianus, Sohn des Cossus.

Ein Centurio L. Marinius Marinianus aus der Legio VII Gemina hat in Wiesbaden eine Weihung an Apoll hinterlassen (CIL XIII 7564). Cossus ist häufiges keltisches Cognomen (vgl. NN. 94, 205). Trotzdem sind die vollständigen Formen des 1. und 3. Namens nicht eindeutig zu gewinnen.

Lit.: Mommsen, ICH 294; CIL XIII 5291.

223. Grabstein des Masuconius

Fast ganz verwitterte Sandsteinplatte, gefunden 1837 hinter dem Münster zu Basel, heute im Historischen Museum Basel. Masse: 145 × 75 cm, Schriftfeld 60 × 53 cm, Buchstabenhöhe 5–7 cm. Die Lettern sind ausser dem D der ersten Zeile fast ganz verschwunden.

D(is) M(anibus) | Masuco|ni Lib(eri) frat(ris).

Den Manen des Masuconius, des Bruders des Liber.

Die Umschrift beruht auf der Lesung von Mommsen, der die Lettern 1853 noch erkennen konnte. Seither ist die Verwitterung fortgeschritten. Der Name des Toten kann Masuco (Dativ: Masuconi) oder Masuconius heissen. Staehelin rechnet ihn zu den keltischen Personennamen (S. 496). Liber kommt ziemlich oft als Cognomen vor.

Lit.: Mommsen, ICH 295; CIL XIII 5292; Riese 3940; Howald-Meyer 361.

D
I I
NIIIB

224. Grabschrift für einen gewissen Sabinus

Bruchstück einer roten Sandsteinplatte, gefunden in Augst, heute im Historischen Museum Basel. Masse: 79 × 45 cm, Buchstabenhöhe 6 cm. Die Inschrift, die Mommsen noch gut entziffern konnte, ist heute fast ganz verwittert.

D(is) M(anibus) | eterna[e] | memor[iae | ..] Sabinu[s] | ⁵vix(it) ann(os) | LXV.

Den Manen. Dem ewigen Gedenken . . . . Sabinus. Er lebte 65 Jahre.

Lit.: Mommsen, ICH 297; CIL XIII 5294.

D M
ETERNA
MEMOR
SABINV
VIXANA
LXV

225. Grabstein für einen Unbekannten

Rechte Hälfte einer Grabplatte aus rotem Sandstein, gefunden in Augst, heute im Historischen Museum in Basel. Masse: 140 × 38 × 19 cm, Buchstabenhöhe 8–9 cm. Die Buchstaben sind fast völlig verwittert.

[D(is) M(anibus) | mem]oriae | [aeter]nae | [....]tius | ⁵[....]tale | [....]avie | [.....]ae | [...] IIX.

Den Manen und dem ewigen Gedenken ... tius ...

Aus den erhaltenen Buchstaben kann die Inschrift nicht rekonstruiert werden.

Lit.: Mommsen, ICH 299; CIL XIII 5296.

ɔRIΛE
NAE
TIVS
TALE
ΛVIE
Λ E
π X

226. Grabstein des Baudoaldus

Rote Sandsteinplatte, in mehrere Stücke zerbrochen, gefunden 1840 in Augst, heute im Römermuseum Augst. Masse: 54 × 45 cm, Buchstabenhöhe 3–4,5 cm.

D(is) M(anibus) | in hoc tumolo | requiiscit bon(a)e | memoriae Baudo|⁵aldus qui vixit | in pace annus LV | et [decess]it quinto de|[cimo kal(endas)] octobris.

Den Manen. In diesem Grabhügel ruht guten Angedenkens Baudoaldus, welcher 55 Jahre in Frieden lebte und starb am 17. September.

Die Inschrift ist eine der wenigen frühchristlichen Grabschriften in der Schweiz, was aus dem Kreuz hinter der ersten Zeile zu erkennen ist. Der kelto-germanische Name Baudoaldus gehört zu den Namen wie Baudobriga (Boppard am Rhein), Bauto-Baudo, Magister militum Kaiser Gratians, von fränkischer Herkunft. Ergänzungen in Zeilen 6 und 7 von H.-G. Pflaum.

Lit.: Mommsen, ICH 307; CIL XIII 5308; E. Egli, Die christlichen Inschriften der Schweiz, Mitteil. Antiquar. Ges. Zürich 24, 1895 No. 35.

```
        D    M
    HOC TVMOLO
   REQVIISCIT BONE
   [M]A[E]MORIA[E] BAVD[I]
      VS QVI VIXIT
      ANNVS LV
   T[I]TVLVM POSVIT ODI
         OCTO[G]NIS
```

227. Grabschrift der Radoara

Kleine Platte aus hellem Kalkstein, die über einem Steinsarg lag, gefunden 1840 in Kaiseraugst, heute im Römermuseum Augst. Masse: 23 × 16 cm, Buchstabenhöhe 2 cm.

Hic requiisc(i)t | *Radoara* | *in(n)ox(ia).*

Hier ruht die unschuldige Radoara.

Nach der Formel «hic requiescit» handelt es sich um ein christliches Grab. Der Name Radoara scheint germanisch zu sein, verwandt mit Radulf, Radolf, also Zeugnis der alamannischen Siedler, welche sich seit dem 4.–5. Jh. in der Provinz niederliessen. Da ihnen keine andere Schriftsprache als das Latein zur Verfügung stand, verfassten sie die Grabschriften lateinisch.

Lit.: Mommsen, ICH 308; CIL XIII 5309.

228. Grabschrift für Prima und Araurica

Kalksteinplatte, gefunden 1767 in den Fundamenten der St. Laurentius-Kirche von Munzach bei Liestal, seit 1778 in der Basler Bibliothek, heute im Historischen Museum Basel. Masse: 64 × 52 × 10 cm, Schriftfeld 39 × 31 cm, Buchstabenhöhe 5 cm.

Prima C(ai) Cotei | lib(erta) ann(orum) XVI et | soror illaeus | Araurica annic(ula) | ⁵et mens(es) VI h(ic) s(itae) s(unt) | patronus po(suit).

Prima, Freigelassene des Caius Coteius, 16 Jahre alt, und ihre Schwester Araurica, 1 Jahr und 6 Monate alt, liegen hier begraben. Ihr Schutzherr hat (den Stein) gesetzt.

Der Familienname Coteius ist sonst im Umkreis der helvetischen Inschriften nicht bekannt. Er könnte mit den gallischen Namen Cossus und Cottius zusammenhängen. Das Cognomen Araurica – Arauricus dürfte von der südfranzösischen Stadt Araura am Arauris (= Hérault) abgeleitet sein. Ein Arauricus kommt bei Silius Ital. 3, 403 und 5, 557 vor. *illaeus* ist vulgäre Femininbildung für *illius*.

Lit.: Mommsen, ICH 296; CIL XIII 5312; Howald-Meyer 362.

PRIMA C COTEI
LIB ANN XVI ET
SOROR ILLAE VS
ARAVRICA ANNIC
ET MENS VI H S S

PATRONVS PO

229. Weihung an die Göttin Epona

Bruchstück eines grossen Kalksteinblockes, gefunden im Jahre 1900 auf dem Fischmarkt Basel, heute im Historischen Museum Basel. Masse: 47 × 45 cm, erhaltenes Schriftfeld 37 × 33 cm, Buchstabenhöhe 5–9 cm.

In h(onorem) d(omus) [d(ivinae)] | deae Epo[nae] | L(ucius) Sollius F[.... | ..] Sollius [... | – – –].

Zu Ehren des Kaiserhauses der Göttin Epona, Lucius Sollius F.... Sollius ...

Epona ist die keltische Pferdegöttin, welcher an Brücken und Strassen von Soldaten, Fuhrleuten und Kaufleuten Weihaltäre errichtet worden sind. Ein gut erhaltener Epona-Altar wurde vom Chef des Strassenpolizeipostens in Solothurn gestiftet (No. 130). Der Familienname Sollius ist keltisch, abgeleitet von Sollos, Sollus und kommt verschiedene Male als gallische Töpfersignatur vor. Ein Legionär der 1. Legio Adiutrix in Mainz trägt ebenfalls den Namen (Dessau 2436), und einer aus der Sollier-Familie scheint sogar bis zum Konsulat aufgestiegen zu sein (PIR[1] No. 547, unbekannter Zeit). Der zweite auf der Inschrift genannte Sollius kann Bruder oder Sohn des ersten gewesen sein.

Lit.: CIL XIII 11539; Howald-Meyer 347. Über die Verbreitung des Epona-Kultes in der Schweiz: Staehelin, Schweiz[3] S. 516 ff.

230. Weihung des kaiserlichen Speicherverwalters Fortis

Unterer Teil eines kleinen Weihaltars aus grauem Sandstein, gefunden 1900 innerhalb der Kastellmauern von Kaiseraugst, seit 1957 im Römermuseum Augst. Masse: 57 × 46 × 28 cm, Buchstabenhöhe 5,5 cm.

[– – – For]|tis Aug(usti servus) | disp(ensator) hor(reorum) | v(otum) s(olvit) l(ibens) l(aetus) m(erito).

Für ... hat ... Fortis, Sklave des Kaisers, Verwalter der Speicher, sein Gelübde gern, freudig und nach Gebühr erfüllt.

Die Gottheit, an die die Weihung gerichtet war, ist weggebrochen, ebenso der Namensanfang des Weihenden. Die ersten Herausgeber ergänzen «Fortis», man könnte ebenso gut «Mitis», «Restis» oder anderswie ergänzen. Dispensator ist der Rechnungsführer in einer privaten oder öffentlichen Gutsverwaltung, von Stellung immer Sklave. Die kaiserliche Güterverwaltung und die dem Kaiser unterstellte Verwaltung der Naturalsteuer der Annona beschäftigen viele Dispensatores. Der kaiserliche Getreidespeicher, von dem hier die Rede ist, lag möglicherweise im Gebiet des späteren Kastells Kaiseraugst.

Lit.: CIL XIII 11540; Howald-Meyer 336. Zu den Horrea in Augst: Staehelin, Schweiz[3] S. 427.

I S M
DISPHOR
V S L L M

231. Weihung des Heniocus

Weihaltärchen aus weissem Jurakalk, im Jahre 1900 in der Nähe der Passhöhe des oberen Hauensteins bei Langenbruck gefunden, heute im Historischen Museum Basel. Masse: 23 × 16 × 8 cm, erhaltene Schriftfläche 10 × 9 cm, Buchstabenhöhe 1,1–1,5 cm.

[– – –] | Heni[oc]|us d(e) p(roprio) d(edit) | p(onendum) c(uravit) Amo|r liber|⁵tus | v(otum) s(olvit) l(ibens) m(erito).

Für ... stiftete Heniocus (dies) aus eigenen Mitteln. Amor, sein Freigelassener, sorgte für die Aufstellung und erfüllte gern und nach Gebühr das Gelübde.

Welcher Gottheit die Weihung auf der Jurapasshöhe galt, ist wegen der Verstümmelung des Steines nicht festzustellen. Der Name Heniocus, den die ersten Herausgeber der Inschrift ergänzt haben, ist griechisch ἡνίοχος «Wagenlenker», «Kutscher» und kommt als Sklavenname verschiedentlich vor. Vielleicht war der Weihende ein Freigelassener – Praenomen und Gentile sind weggebrochen –, der seine Funktionsbezeichnung des Fuhrmannes als Cognomen beibehielt. Amor als Sklavenname kommt häufig vor.

Lit.: CIL XIII 11541.

232. Bauinschrift von Soldaten der 1. und 7. Legion

Fragment einer grösseren Bauinschrift aus Jurakalk, gefunden 1912 auf Kastelen in Augst. Masse: 100 × 48 cm, Buchstabenhöhe 19 cm.

[vexillationes legio]num I adiu[tricis et VII] gem(inae) feli(cis).

Die Detachemente der Legionen I Adiutrix und VII Gemina Felix...

Die Inschrift bezeugt die Anwesenheit von Abteilungen zweier Legionen in Augst, welche in den Jahren 73/74 n. Chr. unter dem General Gnaeus Pinarius Cornelius Clemens den südlichen Schwarzwald eroberten. Die Legio I Adiutrix lag damals im Lager von Mainz, die Legio VII Gemina ebenfalls in einer obergermanischen, uns aber nicht bekannten Garnison. Wegen der Buchstabengrösse muss es sich um eine Bauinschrift an einem grösseren Gebäude handeln. Staehelin vermutet, dass die Soldaten in den siebziger Jahren das alte szenische Theater zu einem Amphitheater für Tierhetzen umgebaut haben und dass die Inschrift von diesem Umbau stammt.

Lit.: CIL XIII 11542; Howald-Meyer 337. Datierung der Inschrift bei Staehelin, Schweiz[3] S. 214 f.; zur Baugeschichte des Augster Theaters: R. Laur, Führer durch Augusta Raurica 1973[4], S. 51 ff. Legionsgeschichte bei Ritterling, RE XII, Sp. 1383 f. und 1631 f.

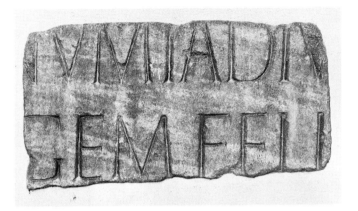

233. Spätantike Bauinschrift vom Kastell Magden

Bruchstück einer Platte aus weissem Jurakalk, gefunden 1907 auf dem mittelalterlichen Gräberfeld bei Kaiseraugst, heute im Römermuseum Augst. Masse: 53 × 36 × 14 cm, Buchstabenhöhe 6–7 cm. Der Stein ist doppelt beschriftet. Die Inschrift steht auf der Rückseite von No. 234.

[D(omini) n(ostri) Valentinianus | Valens Grati]anus per[p(etui) | tr(iumphatores) semp(er) Aug(usti) mu]rum Magid(unensem) | [– – – refecerun]t curante | ⁵[– – – pr(aefecto)] mil(itum) Lig ...

Unsere Herren Valentinianus, Valens und Gratianus, dauernde Sieger, ewig erlauchte Kaiser, haben die Kastellmauer von Magden wiederherstellen lassen, unter Leitung des ....., Kommandanten der Einheit der Lingonen.

Die Ergänzungen stammen von früheren (im CIL-Lemma notierten) Herausgebern. Vorbild für die Rekonstruktion waren die Inschriften von Koblenz und Etzgen (NN. 201 und 202). Wie bei diesen Bauinschriften muss es sich auch beim hier vorliegenden Stein um ein Dokument der spätantiken Rheinbefestigung handeln. Der in der Inschrift genannte Ort *MAGID* ist unbekannt. Staehelin vermutet in *Magid(unum)* den alten Namen von Rheinfelden, der sich in der Gemeinde von Magden erhalten habe. Auch wer die *MILL LIG* sind, wissen wir nicht. Domaszewski denkt an eine Einheit, die vom gallischen Stamm der Lingonen rekrutiert war, wie in der Spätantike häufig Einheiten ihre geographische Herkunft anzeigen. Die Warte, an der die Inschrift ursprünglich angebracht war, dürfte zwischen Kaiseraugst und Rheinfelden gestanden haben. Zeichen für die geringe Sorgfalt der spätantiken Bauweise ist diese Zweitverwendung eines Soldatengrabsteines aus der Augster Gegend. In Merovingischer Zeit ist dann der Stein aus dem Abbruch der Rheinwarte erneut wieder für Begräbniszwecke verwendet worden. Er diente bis zur Auffindung als Seiteneinfassung eines frühmittelalterlichen Grabes.

Lit.: CIL XIII 11543; Howald-Meyer 341. Zum Kastell «Magden»: Staehelin, Schweiz³ S. 299 f.

234. Fragment einer Soldatengrabschrift aus Augst

Bruchstück einer Platte aus weissem Jurakalk, gefunden 1907 auf dem mittelalterlichen Gräberfeld bei Kaiseraugst, heute im Römermuseum Augst. Masse: 53 × 36 × 14 cm. Der Stein ist auf beiden Seiten beschriftet. Buchstabenhöhe der älteren Seite: 6–8 cm.

[– – –] | ac(tarius) p(editum) [– – –] | qui vix[it – – –] | Vincen(tius) h[er(es) – – –].

(Grabschrift für . . . .), Kanzleichef der Fusstruppen, der . . . lang gelebt hat. Vincentius, sein Erbe.

Die Ergänzung *AC . P* zu *ac(tarius) p(editum)* stammt von Domaszewski. Actarius ist der Kanzleibeamte im Stabe einer militärischen Einheit oder eines höheren Kommandos. Bei den Pedites denkt Domaszewski an eine Einheit wie die pedites singulares, die Bedeckung des Statthalterbüros. Der unbekannte Actarius könnte aber auch die Schreibstube eines Praefectus Alae oder Cohortis, oder eines Praepositus Numeri geleitet haben. Die Inschrift dürfte aus der Zeit stammen, als nach dem Alamanneneinfall von 260 wieder Truppen in Augst lagen.

Lit.: CIL XIII 11544, Über die militärische Belegung von Kaiseraugst in spätantiker Zeit: Staehelin, Schweiz[3] S. 279 f.

AC·P
QVI·VIX
VINCEN·

235. Grabstein des Rhenicius Regalis

Grabstein aus gelblichem Sandstein, gefunden 1895 hinter dem Domhof am Münster zu Basel, heute im Historischen Museum Basel. Masse: 146 × 57 × 38 cm, Schriftfeld 47 × 37 cm, Buchstabenhöhe 8 cm.

D(is) M(anibus) | *Rhenicio* | *Regali* | *Rhenicus* | [5]*pater vi*|*(v)us posuit.*

Den Manen. Für Rhenicius Regalis hat Rhenicus, sein Vater, (den Stein) zu seinen Lebzeiten gesetzt.

Der Vater, der seinem Sohn schon zu Lebzeiten ein Grabdenkmal gesetzt hat, leitet seinen Namen Rhenicus entweder vom Fluss Rhein oder vom gallischen Wort für Tierfell *(rheno)* ab. Der einzelne Name zeigt, dass er Peregriner war. Sein Sohn dagegen hat sich aus dem Vaternamen das neue Gentilicium Rhenicius gebildet. Der Beiname Regalis kommt auch auf einer (verschollenen) Augster Inschrift vor (CIL XIII 5263).

Lit.: CIL XIII 11548; Howald-Meyer 363. Zur Ableitung des Familiennamens vom Cognomen des Vaters: Staehelin, Schweiz[3] S. 496 Anm. 13.

D M
RHENICIO
REGALIS
RHENICVS
PALOBVG
VS POSVIT

236. Anonymer Grabstein

Unten abgebrochener Grabstein aus Jurakalk, gefunden 1907 auf dem mittelalterlichen Friedhof von Kaiseraugst, heute im Landesmuseum Zürich. Masse: 64 × 60 × 14 cm, Buchstabenhöhe 5,5–7 cm.

Diis M(anibus) | et memoriae | aeterne carissim(i) | [– – –].

Den Manen und dem ewigen Gedenken des liebsten ....

Der Name des Verstorbenen fehlt und war nie auf dem freien Platz zwischen den beiden ersten Zeilen eingemeisselt. Die früheren Herausgeber erwägen, ob die Namensangabe auf einem nebenstehenden Stein enthalten war oder ob sie mit Farbe zwischen die Zeilen eingefügt war oder ob der Grabstein vom Steinmetz verworfen war und nie seine Funktion erfüllte.

Lit.: CIL XIII 11550.

237. Weihung an den Aesculapius Augustus

Fragmente eines Weihaltares aus weissem Jurakalk, gefunden 1914 in der Grienmatt in Augst, heute rekonstruiert im Römermuseum Augst. Masse des rekonstruierten Altars: 130 × 64 × 43 cm, Buchstabenhöhe 2,5–6 cm. Die Buchstaben der beiden ersten Zeilen waren mit Bronze ausgelegt.

Aesculapio | Aug(usto) | Ti(berius) Cl(audius) [....]di | [– – –] [hered]es pos[uer(unt) et | m]armore mu[nier(unt)] | l(ocus) d(atus) d(ecreto) [d(ecurionum)].

Dem Aesculapius Augustus Tiberius Claudius .... di.. seine Erben haben (den Stein) setzen und in Marmor ausführen lassen. Der Platz (für den Altar) wurde auf Beschluss des Stadtrates gegeben.

Die Weihung an Aesculapius Augustus (Verbindung des Heilgottes mit dem Kaiserkult) ist im gleichen Bezirk wie die nachfolgende Apollo-Inschrift gefunden worden, was das Vorhandensein eines sakralen Kurzentrums in Augst nahelegt. Der Stifter des Altars könnte Tiberius Claudius Claudianus geheissen haben.

Lit.: Finke, Ber. Röm.-German. Komm. 17, 1927, 132; Howald-Meyer 345. Zum Augster Heilbezirk Staehelin, Schweiz[3] S. 540.

238. Weihung der Maria Paterna an Apollo

Weihaltar aus weissem Kalkstein, gefunden 1914 auf der Grienmatt in Augst, heute im Römermuseum Augst. Masse: 103 × 44 × 40 cm, Buchstabenhöhe 3–4 cm.

Apollini | Maria Pa|terna pro | salute Nobi|⁵liani fili v(otum) s(olvit) l(ibens) m(erito).

Dem Apollo. Maria Paterna hat für das Heil ihres Sohnes Nobilianus gern und nach Gebühr ihr Gelübde eingelöst.

Apollo ist nach Caesar (bell. Gall. 6, 17) der keltische Heilgott, dem für kranke Angehörige viele Gelübde gebracht werden. Die Stifterin des Altars stammt aus der Gens Mária, die sowohl als oskisch-etruskische Familie in Italien als auch als keltische in Gallien belegt ist. Der Name hat nichts mit der christlichen Maria (= gräzisierte Form des hebräischen Mirjam) zu tun. Das Cognomen Paternus kommt verschiedentlich in der Schweiz vor (NN. 76, 102, 113).

Lit.: Finke, Ber. Röm.-German. Komm. 17, 1927, 133; Howald-Meyer 346. Über den Heilgott Apollo: Staehelin, Schweiz³ S. 538 f.

APOLLINI
MARIA PA
TERNA PRO
SALVTE NOBI
LIANI FILI
V · S · L · M

239. Weihung des Silvius Spartus an den Gott Sucellus

Weisse Kalksteinplatte in Form einer Tabula ansata, gefunden 1924 auf der Grienmatt in Augst, heute im Römermuseum Augst. Masse: 77 × 52 cm, Schriftfläche 50 × 36 cm, Buchstabenhöhe 6–7 cm.

In honor(em) | d(omus) d(ivinae) deo Su|cello Silv(ius) | Spart(us) l(ocus) d(atus) d(ecreto) d(ecurionum).

Zu Ehren des Kaiserhauses dem Gott Sucellus, Silvius Spartus. Der Platz (für die Inschrift) wurde auf Beschluss des Stadtrates gegeben.

Sucellus ist eine im östlichen Gallien verehrte Gottheit, von der wir in der Schweiz 6 Statuetten besitzen. Die Figur in keltischer Tracht trägt in der Regel einen Hammer oder einen Topf, welche Attribute verschiedene Deutungen des Gottes zulassen. Die Ergänzung des Namens zu Silvius Spartus stammt von Staehelin, andere ergänzen Silvanius, Silvestrius, Silvinius und Sparticus, Spartianus.

Lit.: Finke, Ber. Röm.-German. Komm. 17, 1927, 134; Howald-Meyer 352.
Zur Deutung des Gottes Sucellus: Staehelin, Schweiz[3] S. 528 f.

IN HONOR
DD DEO SV
CELLO SILV
SPART L D D D

240. Bauinschrift des Jupitertempels in Augst

Acht kleine Inschriftfragmente aus weissem Kalkstein, gefunden 1917 und 1935. R. Laur hat daraus folgende Rekonstruktion vorgeschlagen und die erhaltenen Buchstaben in die ergänzte Platte einmauern lassen. (Museum Augst, Buchstabenhöhe 7–9 cm.)

[Imp(eratore) Ca]es(are) div[i Hadriani f(ilio) | divi T]raia[ni Parthici ne|pote divi Nervae pronepote | T(ito) Aelio] Ha[dria]no [Antoni|⁵no Augusto] pio p(atre) p(atriae) p(ontifice) m(aximo) trib(unicia) | [potest(ate) VIIII im]p(eratore) II co(n)s(ule) IIII | [– – – Honor]atus proc(urator) [Aug(usti)].

Unter dem Kaiser, dem Sohn des vergöttlichten Hadrian, dem Enkel des vergöttlichten Traian, des Parthersiegers, dem Urenkel des vergöttlichten Nerva, Titus Aelius Hadrianus Antoninus Pius, Vater des Vaterlandes, Pontifex maximus, im 9. Jahr seiner tribunizischen Gewalt, zum zweitenmal zum Imperator ausgerufen, in seinem 4. Konsulat (hat) . . . . . Honoratus, kaiserlicher Verwalter (diesen Tempel erstellen lassen).

Der Rekonstruktionsvorschlag gibt die Titulatur von Kaiser Antoninus Pius (138–161 n. Chr.). Die 9. Tribunicia Potestas fällt ins Jahr 145. In der 7. Zeile ergänzt Laur am Schluss *PROC* zu *proc(urator) Aug(usti)*. Der kaiserliche Procurator für die Provinz residierte aber in Trier und dürfte schwerlich Anlass gehabt haben, den Tempel in der Kolonie Raurica zu bauen. Von einem untergeordneten Procurator in kaiserlichem Dienst kann man den Bau kaum annehmen. Deshalb vermutet Nesselhauf hinter dem Wort *PROC* einen Namen (wie Proculus, Proculianus), der dann dem Statthalter der Germania superior gehören würde. Die Provinzfasten dieser Jahre sind nicht vollständig erhalten, weshalb die Ergänzung des Statthalternamens nicht möglich ist.

Lit.: H. Nesselhauf, Ber. Röm.-German. Komm. 27, 1938, 64; Howald-Meyer 335; R. Laur, Führer durch Augusta Raurica. 1973[4], S. 47.

IMP·CAES·DIVI·HADRIANI·F·
DIVI·TRAIANI·PARTHIC·I·NE
POTE·DIVI·NERVAE·PRONEPOTE·
T·AELIO·HADRIANO·ANTONI
NO·AVGVSTO·PIO·P·P·M·TRIB·
POTEST·VIIII·IMP·II·COS·IIII·
HONORATVS·PROC·

241. Weihung eines Rufinus

Bruchstück einer Platte aus rötlichem Sandstein, gefunden im Sommer 1939 auf dem Steinler in Augst (insula XXIV), heute im Römermuseum Augst. Masse: 47 × 20 cm, Buchstabenhöhe 3,5–4,5 cm.

[In h(onorem)] d(omus) d(ivinae) | [.. Ba]rb(ius) Iul(ius) | [.. R]ufinus | [aed(em)] cum or|⁵[nam(entis)] | et om|[ni cultu f(aciendum) c(uravit)].

Zur Ehre des Kaiserhauses hat .. Barbius Iulius Rufinus den Tempel mit Schmuck und aller Pracht errichten lassen.

Der Vorname des Stifters ist verloren, das erste Gentile nur unvollständig erhalten. H.-G. Pflaum schlägt den Familiennamen Barbius vor, erwägt aber auch Turpilius oder Orbius. Um welches Gebäude es sich bei der Stiftung handelt, wissen wir nicht.

Lit.: H. Lieb, Ber. Röm.-Germ. Komm. 40, 1959, 101.

242. Grabschrift für die Kinder Olus und Fuscinus

Kleine Platte aus Jurakalkstein, gefunden 1947 an der Basler Strasse in Augst, heute im Römermuseum Augst. Masse: 58 × 48 × 22 cm, Buchstabenhöhe 2,5–5 cm.

Olus an(norum) XII | et Fuscinus an(norum) | XVI Fusci fili | h(ic) s(iti) s(unt).

Olus, im Alter von 12 Jahren und Fuscinus im Alter von 16 Jahren, Söhne des Fuscus. Hier liegen sie begraben.

Die Namen Olus und Fuscus sind typische Sklavennamen. Fuscus heisst «der Dunkle, Schwärzliche» (die Verkleinerungsform davon ist Fuscinus), Olus «das Küchengemüse, der Kohl».

Lit.: H. Lieb, Ber. Röm.-Germ. Komm. 40, 1959, 106.

243. Grabstein der Eusstata

Grabplatte aus rotem Sandstein, gefunden 1948 in der Kiesgrube am «Stalden» in Kaiseraugst, heute im Römermuseum Augst. Masse: 120 × 55 × 14 cm, Buchstabenhöhe 2–3 cm.

D(is) M(anibus) | et memori(a)e ae|tern(a)e Eusstat(a)e | coniugi dulci|⁵(s)sim(a)e qui visit | ann[os] LXV | Amatus | posuit.

Den Manen und dem ewigen Gedenken der Eusstata, der vielgeliebten Gattin, welche 65 Jahre gelebt hat. Amatus (ihr Gatte) hat den Stein gesetzt.

Die Namen der Toten und des Gatten scheinen Sklaven zu bezeichnen. Eusstata dürfte vom griechischen εὐσταθέω «sich wohl befinden» abgeleitet sein. Da im Giebelfeld des Grabsteines das christliche Symbol des Ankers steht, hat man die Inschrift als erstes Zeugnis des Christentums in der Schweiz angesprochen. Dem widerspricht die heidnische Formel Dis Manibus nicht.

Lit.: H. Lieb, Ber. Röm.-Germ. Komm. 40, 1959, 107.

244. Weihung des Caius Caelius Tertius an Apollo Augustus

Kleiner Zylinder aus weissem Kalkstein, der wohl als Statuettenbasis gedient hat, gefunden 1961 in Augst (Insula XXXI), heute im Römermuseum in Augst. Masse: Höhe 14 cm, Durchmesser 21,5 cm, Buchstabenhöhe 2 cm.

Apollini Aug(usto) | *sacrum* | *C(aius) Caelius Tertius* | *ex voto.*

Dem Apollo Augustus geweiht. Caius Caelius Tertius auf Grund eines Gelübdes.

Die Weihung zeigt die Verbindung der Apolloverehrung (nach Caesar, bell. Gall. 6, 17, 2, ist Apollo auch der keltische Heilgott) mit dem Kaiserkult. Dem Apollo Augustus ist in Solothurn ein eigener Tempel geweiht (No. 129). Der alte plebeische Familienname der Caelier findet sich über das ganze römische Reich verbreitet.

Lit.: R. Laur, Führer durch Augusta Raurica, 1966[4], S. 130.

245. Grabstein eines Holzhändlers

Grosse Grabstele aus Jurakalk, 1803 in der Nähe der Ergolzbrücke in Augst gefunden, heute im Römermuseum Augst aufgestellt. Masse: 220 × 77 cm. Die Inschrift des Toten fehlt.

Die Stele weist im oberen Drittel in einer Nische die Porträtbüste des Toten auf, wie oft auf gallo-römischen Grabsteinen. Er ist mit einem gallischen Kapuzenmantel bekleidet, trägt also die einheimische Tracht. Er hält Schreibtafel und Stift vor der Brust wie ein Kaufmann bei der Abrechnung. Darunter muss auf der schön ausgearbeiteten Tabula ansata sein Name eingeschrieben gewesen sein, vermutlich mit Farbe aufgemalt, weshalb keine Spuren der Inschrift mehr erhalten sind. Das untere Relief stellt eine Waage dar, auf welcher mit Gewichten eine Ware abgewogen wird. Sie sieht wie kleine zugeschnittene Holzbalken aus, zu welcher Erklärung der quadratisch aufgeschichtete Haufen in der Mitte des Bildes passt. Andere Erklärer halten die dargestellte Ware für Metallbarren oder Tuchrollen, da Holz eher nach Raummass als nach Gewicht verkauft worden sei.

Lit.: Staehelin, Schweiz[3] S. 441 f.; Laur, Führer durch Augusta Raurica 1966[4] S. 156.

246. Fragment einer Truppeninschrift aus Augst

Kleines Fragment aus Jurakalkstein, gefunden 1960 in der Kastellmauer von Kaiseraugst, heute im Lapidarium des Römerhauses Augst eingemauert. Masse: 30 × 19 × 20 cm, Buchstabenhöhe 3 cm.

[- - -] Moes[icae felicis | - - - torqu]atae [- - - | - - -] usu ex [- - - | - - - a]lae His[panorum | ⁵- - - c]uravi[t - - -].

- - - der Ala Moesica felix torquata - - - aus der Ala Hispanorum - - -.

Ob es sich um das Bruchstück aus einer Bauinschrift, einer Weihung oder aus einem Grabstein handelt, ist ungewiss. Erkennbar sind nur die Namen zweier berittener Einheiten des Rheinheeres, der Ala Moesica felix torquata (sie ist als Teil der Besatzung von Germania inferior in der früheren Kaiserzeit bezeugt) und einer Ala Hispanorum. Vielleicht handelt es sich um die Ala I Hispanorum Auriana, die seit Traian im rätischen Heer diente.

Lit.: H. Lieb, Truppen in Augst, in: Provincialia (Festschrift R. Laur), Basel 1968 S. 129 f. Zu den Hilfstruppen des Rheinheeres vgl. E. Stein, Die kaiserlichen Beamten und Truppenkörper im römischen Deutschland unter dem Prinzipat, Wien 1932; G. Alföldy, Die Hilfstruppen der röm. Provinz Germania inferior, Epigraphische Studien 6, Düsseldorf 1968.

247. Ehreninschrift des Quintus Severius Marcianus
(Nachtrag zum I. Teil)

Fragmente eines weissen Kalksteinblockes, gefunden am 19. Januar 1978 bei Bauarbeiten an der rue du Prieuré in Nyon, heute aufbewahrt im Museum Nyon. Masse: 64 × 55 × 50 cm, Schriftfeld 43,2 × 40,7 cm, Buchstabenhöhe 3 cm.

Q(uinto) Severio Q(uinti) Severi | Marcelli filio | Cornel(ia tribu) M[a]rciano | dec(urioni) col(oniae) I[u]l(iae) Eques[tr(is)] | ⁵aedil(i) pr[ae]fect(o) pro | II viris [pra]efect(o) | arce[ndis I]atroc(iniis) | II vi[r(o) bis fla]m(ini) Au[g(usti) | – – –].

(Zu Ehren von) Quintus Severius Marcianus, Sohn des Quintus Severius Marcellus, aus der Bürgertribus Cornelia, Ratsherrn der Kolonie Iulia Equestris, Aedil, Stellvertreter des Bürgermeisters, Praefekt zur Räuberbekämpfung, zweimal Bürgermeister, Kaiserpriester.

Die Inschrift gilt einem hohen städtischen Beamten der Colonia Iulia Equestris (Nyon) und zählt die Chargen in aufsteigender Ordnung auf. Das unterste genannte Amt ist die Mitgliedschaft im Decurionenrat, hier zum erstenmal in einer Inschrift aus Nyon genannt. Es folgt die städtische Aedilität (Polizeiaufsicht). Die übrigen Ämter entsprechen der Laufbahn des Caius Lucconius Tetritus (No. 47): Bürgermeisterstellvertreter, Praefekt für das Räuberunwesen – eine bisher nur aus Nyon geläufige städtische Funktion – und das mehrmalige Bürgermeisteramt (Zeile 8 aus No. 47 ergänzt). Das Amt des Flamen Augusti, dem der Kult des lebenden Kaisers oblag, ist meist mit den höchsten Munizipalchargen verbunden.

Lit.: F. Mottas, Un nouveau notable de la Colonie Equestre, Archäologie der Schweiz 1, 1978 S. 134 ff. Zur Verfassung von Nyon s. die Angaben bei No. 47.

Q SEVER Q Q ST VERI
MARCEL F FILIO
CORNEL MARCIANO
DEC COL EQVE
AEDIL ER FECERO
IT VIRI FECI
ARCE ATRO
MV

248. Grabstein der Valeria Secca
(Nachtrag zum I. Teil)

Der Grabstein wurde in nachantiker Zeit von Avenches nach Faoug verschleppt und dort 1631 gefunden. Aus dem 17. Jh. stammt eine genaue Abschrift des Textes. Danach ist der obere Teil des Steines mit 5 Inschriftzeilen verloren gegangen, der untere mit 4 Inschriftzeilen in einem Haus des Dorfes Môtier (Fribourg) verbaut worden. In diesem Haus (im Besitz der Familie Rod. Biolley) befindet sich das Fragment heute noch als Unterteil der Stützsäule im Keller. Masse: 84 × 70 × 52 cm, erhaltenes Schriftfeld 59 × 43 cm, Buchstabenhöhe 4,5–6 cm.

[D(is) M(anibus)] Valeriae | Seccae | quae iucunde | [5]vixit annis LXV] | L(ucius) Severiu[s] | Martius IIIIII vir | Aug(ustalis) maritus | f(aciendum) c(uravit).

Den Manen der Valeria Secca, welche in Freuden 65 Jahre lang lebte, hat Lucius Severius Martius, Mitglied der kaiserlichen Sechserherren, ihr Gatte, (diesen Stein) setzen lassen.

Die Verstorbene aus dem bekannten Avencher Geschlecht der Valerii (vgl. No. 95) hat ihren keltischen Personennamen Secca bewahrt. Der überlebende Gatte stammt aus der an Rhein und Rhone weit verbreiteten Severierfamilie, zu welcher auch der neu entdeckte Beamte von Nyon (No. 246) und der Dendrophor von Amsoldingen (No. 116) gehören.

Lit.: Mommsen, ICH 191; CIL XIII 5111; Riese 2040; Howald-Meyer 216. Über die Severier-Familie zuletzt: F. Mottas, Archäologie der Schweiz 1, 1978, S. 136 f.

Zitierte Literatur

BRGK = Bericht der Römisch-Germanischen Kommission, Frankfurt.

R. Cagnat, Cours d'épigraphie latine, Paris 1914[4].

CIL = Corpus Inscriptionum Latinarum, Vol. XIII Tres Galliae et Germaniae, edd. O. Hirschfeld, C. Zangemeister, A. v. Domaszewski, O. Bohn, E. Stein, Berlin 1899–1943.

A. Degrassi, I fasti consolari dell'impero Romano, Roma 1952.

H. Dessau, Inscriptiones Latinae Selectae, Berlin 1892–1906.

J. Ewald, Paläo- und epigraphische Untersuchungen an den römischen Steininschriften der Schweiz, Liestal 1974.

H. Finke, Bericht der Röm.-Germ. Kommission 17, 1927.

R. Frei-Stolba, Die römische Schweiz: Ausgewählte staats- und verwaltungsrechtliche Probleme im Frühprinzipat, Festschrift Vogt, Berlin 1976.

L. Friedländer, Darstellungen aus der Sittengeschichte Roms, Leipzig 1920–1922[9-10].

K. Glutz von Blotzheim, Das Lapidarium im Kreuzgang zu Jesuitern in Solothurn, Solothurn 1954.

E. Howald/E. Meyer, Die römische Schweiz, Zürich 1941.

I. Kajanto, The Latin Cognomina, Helsinki 1965.

J. Kromayer/G. Veith, Heerwesen und Kriegführung der Griechen und Römer, München 1928.

R. Laur-Belart, Führer durch Augusta Raurica, Basel 1966[4].

H. Lieb, Bericht der Röm.-Germ. Kommission 40, 1959.

W. Liebenam, Geschichte und Organisation des röm. Vereinswesens, Leipzig 1890.

Th. Mommsen, Inscriptiones Confoederationis Helveticae Latinae (= ICH), Zürich 1854.

H. Nesselhauf, Bericht der Röm.-Germ. Kommission 27, 1937.

K. Prümm, Religionsgeschichtliches Handbuch für den Raum der altchristlichen Umwelt, Rom 1954.

RE = Realencyklopädie der klassischen Altertumswissenschaft, edd. Pauly und Wissowa, Stuttgart ab 1893.

A. Riese, Das rheinische Germanien in den antiken Inschriften, Leipzig 1914.

E. Ritterling, Artikel «Legio» in RE XII Spalte 1211 ff. (1924).

W. Schulze, Zur Geschichte lateinischer Eigennamen, Berlin 1904.

F. Staehelin, Die Schweiz in römischer Zeit, Basel 1948[3].

E. Stein/E. Ritterling, Fasti des römischen Deutschland unter dem Principat, Wien 1932.

O. Tschumi, Urgeschichte des Kantons Bern, Bern 1953.

G. Wissowa, Religion und Kultus der Römer, München 1912[2].

INDICES (Die Zahlen bedeuten die Nummern dieser Ausgabe)

Kaiser

Tiberius (14–37 n. Chr.) 171
Claudius (41–54 n. Chr.) 153, 154, 172
Vespasianus (69–79 n. Chr.) 149
Antoninus Pius (138–161 n. Chr.) 240
Elagabalus (218–222 n. Chr.) 130, 131
Gallienus (253–268 n. Chr.) 155

Diocletianus ⎫
Maximianus ⎪
Constantius ⎬ I. Tetrarchia (293–305 n. Chr.) 197, 199
Galerius ⎪
             ⎭

Valentinianus ⎫
Valens ⎬ (367–375 n. Chr.) 201, 202, 233
Gratianus ⎭

Familiennamen

Aelia Secundina 193
L. Aelius Urbicus 193
C. Allius Oriens 156
Alpinia Alpinula 187
L. Annusius Magianus 187
Anotius Ingenuus 127
M. Apronius Secundus 157
Attius Sanucus 203
Q. Attius Messor 204
M. Attonius Apronianus 214
P. Aulius Memusus 215
Aurelius 139
Aurelius Celsus 200
Aurelius Proculus 197, 199

C. Caelius Tertius 244
P. Calvisius Sabinus Pomponius
   Secundus 153, 154
Camillius Paulus 117
Camillius Polynices 117
L. Carassounius Panturo 214
C. Careius Tertius 179
Castia 219

Castius Peregrinus 219
L. Ciltius Cossus 205
Cinnenius Secundinus 142
Cinnenius Secundus 142
T. Claudius 237
Claudius Caprasius 123
Claudius Melissus 123
C. Coteius 228
C. Cottius Rufus 149
L. Crassicius Corbulo 133
Crassicius Magius 140
T. Crassicius Pattusius 129, 140
C. Critt . . . 163
Q. Curtius Rufus 172

M. Dunius Paternus 125

L. Ennius Secundus 160
G. Ennius Titus 183

M. Flaccius Rufus 147
Flavia Pusinna 118
Flavia Sacrilla 194

Familiennamen

Flavia Severiana 134
Flavius Adiectus 200
L. Flavius Burrus 168
Flavius Probus 201, 202
T. Frontinius Genialis 114
T. Frontinius Hibernus 115

Geminius Victullus 120
C. Graccius Saturninus 162

T. Ingenuius Satto 212
Ioincatia Nundina 220
Iulia Urbana 221
C. Iulius Fecundus 221
Iulius Marcellus 194
M. Iulius Maximus 158
S. Iunius Maiorinus 135

M. Licinius Senecio 172
Q. Lucilius Pudens 159
M. Luxonius Festus 182

M. Maccius Sabinus 128
M. Magius Maccaus 160
Magapilius Restio 130
Maria Paterna 238
Marinius Attilianus 222
M. Masterna 150, 151
Masuconius Liber 223
Matidia Pusinna 119
Matidius Pervincus 119
Matugenia Marcellina 138
Maturius Caratilius 145
Mucius Doryphorus 185
L. Munatius Gallus 165

M. Nervinius Saturninus 185
Q. Nicennius 152

C. Octavius Provincialis 195
Otacilia 144
Otacilius Seccius 121
Otacilius Thesaeus 118

T. Pedius Mallusius 141
Pompeia Hospita 120
Pomponius, P. Calvisius Sabinus
   Secundus 153, 154

Rhenicius Regalis 235
Rogatinius Romulus 143
Q. Romanius Verecundus 160
L. Rutilius Macrinus 175

Q. Sanucius Melo 203
M. Sanucius Messor 203
Satrienus Iuvenalis 180
Sattia Aventina 143
Sattius Senatus 143
Senatius Romanus 143
Severius Commendatus 116
Q. Severius Marcianus 247
L. Severius Martius 248
Q. Sextius 149
Silvanius Victorinus 126
Silvius Spartus 239
L. Sollius 229
Statilius Apronianus 138
Statilius Paternus 138
Suecconius Demecenus 131

P. Tettius Vala 161
Tigellia Pusinna 127
G. Trosius 178

C. Ulagius Viscus 195
T. Urbanius Matto 149

Valeria Sancta 194
Valeria Secca 248
T. Valerius Albanus 149
Q. Valerius Libens 191
C. Vegelo Rufus 162
L. Veturius Melus 149
C. Visellius Verecundus 167
T. Vitellius Felix 163

Beinamen

Adianto 213
Adiectus, Flavius 200
Adledus 213
Adnamtus 213
Albanus, T. Valerius 149
Alpinula, Alpinia 187
Amarantus 177
Amatus 243
Amianthus 189
Amor 231
Apronianus, M. Attonius 214
Apronius, Statilius 138
Araurica 228
Asclepiades 148
Asinula 116
Attilianus, Marinius 222
Aventina, Sattia 143

Bassus 174
Baudoaldus 226
Bellinus 216
Blandus 217
Boelus 186
Burrus, L. Flavius 168

Caeno 186
Caprasius 123
Caratilius, Maturius 145
Caratus 200
Celsus, Aurelius 200
Celtillus 205
Certus 189
Ciltus 200
Commendatus, Severius 116
Corbulo, L. Crassicius 133
Cossus 222
Cossus, L. Ciltius 205
Cundigus 186

Demecenus, Suecconius 131
Diadumenus 169
Divichto 216
Doryphorus, Mucius 185

Eudam . . . 144
Eusstata 243

Fecundus, C. Iulius 221
Felix, T. Vitellius 163
Festus, M. Luxonius 182
Fortis 230
Fuscinus 242
Fuscus 242

Gallus, L. Munatius 165
Genialis, T. Frontinius 114
Graptus 144

Heniocus 231
Hibernus, T. Frontinius 115
Hospita, Pompeia 120

Ingenuus, Anotius 127
Iuvenalis, Satrienus 180

Libens, Q. Valerius 191
Liber 215
Liber, Masuconius 223

Maccaus, M. Magius 160
Macrinus, L. Rutilius 175
Magianus, L. Annusius 187
Magius, Pattusius 140
Maiorinus, S. Iunius 135
Mallusius, T. Pedius 141
Marcellina, Matugenia 138
Marcellus, Iulius 194
Marcianus, Q. Severius 247
Martius, L. Severius 248
Marulina 213
Marulus 213
Maximus, M. Iulius 158
Matto, T. Urbanius 149
Melissus 123
Melo, Q. Sanucius 203
Melus, L. Veturius 149
Memorina 136
Memusus, P. Aulius 215

Beinamen

Messor, M. Sanucius 203
Messor, Q. Attius 204
Mucapora 208

Nobilianus 238
Nundina, Ioincatia 220
Nyisus (Nysius) 166

Olus 242
Oriens, C. Allius 156

Panturo, L. Carassounius 214
Pardulianus 132
Paterna, Maria 238
Paternus 210
Paternus, M. Dunius 125
Paternus, Statilius 138
Pattusius, T. Crassicius 129, 140
Paulus, Camillius 117
Peregrina 187
Peregrinus, Castius 219
Pervincus, Otacilius 119
Philetus 144
Polynices, Camillius 117
Prima 228
Primus, Publius 133
Principalis 132
Prittusa 215
Probus, Flavius 201, 202
Proculus, Aurelius 197, 199
Provincialis, C. Octavius 195
Pudens, Q. Lucilius 159
Pusinna, Flavia 118
Pusinna, Matidia 119
Pusinna, Tigellia 127

Queta 132

Radoara 227
Regalis, Rhenicius 235
Restio, Magapilius 130
Rhenicus 235
Riparius 132

Romanus, Senatius 143
Romulus, Rogatinius 143
Rufinus 241
Rufus, Q. Curtius 172
Rufus, G. Cottius 149
Rufus, M. Flaccius 147
Rufus, C. Vegelo 162

Sabinianus 212
Sabinus 224
Sabinus, M. Maccius 128
Sabinus, P. Calvisius Pomponius
    Secundus 153, 154
Sacrilla, Flavia 194
Sammo 181
Sancta, Valeria 194
Sanucus, Attius 203
Satto, Ti. Ingenuius 212
Saturninus, C. Graccius 162
Saturninus, M. Nervinius 185
Secca, Valeria 248
Seccalus 133
Seccius, Otacilius 121
Secundina, Aelia 193
Secundinus, Cinnenius 142
Secundus, M. Apronius 157
Secundus, Cinnenius 142
Secundus, L. Ennius 160
Secundus, Pomponius 153, 154
Senatus, Sattius 143
Senecio, M. Licinius 172
Severiana, Flavia 134
Severianus 136
Severus 137
Spartus, Silvius 239
Super 190

Tertius, C. Caelius 244
Tertius, C. Careius 179
Thesaeus, Otacilius 118
Titus, G. Ennius 183
Toutos 213

Beinamen

Unio 193
Urbana, Iulia 221
Urbicus L. Aelius 193

Vala, P. Tettius 161
Valens 208
Vegetus 158
Verecundus 180

Verecundus, C. Visellius 167
Verecundus, Q. Romanius 160
Victorinus, Silvanius 126
Victullus, Geminius 120
Vikanus 141
Vincen(tius) 234
Vindaluco 217
Viscus, C. Ulagius 195

Götter, Priester, Kulte

Aesculapius Augustus 237
Apollo 149, 165, 238
Apollo Augustus 129, 244
ascia 134, 135
avertentes dei 150
dendrophorus Augustalis 116
dei deae 151, 196
Diana 147, 192
Diana dea 192
domus divina 121, 129, 131, 141, 146, 148, 229, 239, 241
Epona dea 130, 229
flamen Augusti 247
Fortuna 166, 198
genius publicus 131
Isis dea 187
Juno 196

Jupiter 148
Jupiter optimus maximus 141, 179, 196
Mars 114, 128, 149
Mercurius 146, 203
Mercurius Augustus 122, 204, 205
Mercurius Matutinus 188
Minerva 149
Naria Nousantia 115
numen, numina Augustorum 125
Nymphae 167
Quadruviae 152, 184
Sevir Augustalis 133, 205, 248
Silvanus 168, 192
Sucellus deus 239
Suleiae 140
ex visu 128

Provinzen, Städte, Ortsangaben

Alpes 124
Aquenses vicani 187
Ateste 182
Augustonemetum 158
Bergomus 159
Biturigum civitas 211
Brixia 191

Cremona 162
Dertona 156
Forum Claudii (?) 163
Germania superior 155
Helvetiorum colonia 125
Iulia Equestris colonia 247
Lindensis regio 124

Provinzen, Städte, Ortsangaben

Lingones 233
Lucus Augusti 157
Lydus natione 117
Placentia 183
Pollentia 190
Salodurenses vikani 141
Salodurensis vicus 130
summa rapida 201
Tancia Norbana 186
Tasgaetienses vikani 198, 200
Tasgaetinus murus 199
tribus Aniensis 162
    Cornelia 161, 247
    Fabia 191

tribus Poblilia 160
    Pollia 190
    Pomptina 156
    Quirina 158, 203, 205
    Romilia 182
    Sergia 163, 175
    Teretina 165
    Veturia (Voturia) 159, 183
    Voltinia 157, 189
Turicensis statio 193
Verona 160
Vienna 189
Vindonissenses vicani 148, 149
Vitudurensis murus 197

Ämter, Berufe, Militär

ac(tarius) p(editum) 234
aedilis 247
aurifex 117
Bärenjäger 192
centuria Attieni Maximi 191
    Attii Valentis 182
    Betuvi Silonis 168
    Crispi 150, 151
    Gelli Agricolae 159
    Marci Modesti 160
    Mettii Firmi 162
    Novi Castoris 183
    Saeni Maximi 190
    Veli Fusci 157
centurio 156, 186
cives Romani 164, 173
cohors Hispanorum 186
cornicularius 180
decurio 210, 247
l(ocus) d(atus) d(ecreto) d(ecurionum) 205, 239
dispensator horreorum 148, 230
dona militaria 156

duumvir coloniae Helvetiorum 121, 125
    coloniae Iuliae Equestris 247
fabri tignuarii 117
Gemüsehändler 164
Holzhändler 245
immunis consularis 130
legatus Augusti 153, 154, 172
Legio I Adiutrix 232
    I Martia 209
    VII Gemina 232
    VIII Gratianensium 202
    XI C(laudia) p(ia) f(idelis) 150, 151, 157, 158, 159, 160, 161, 162, 163, 167, 168, 169, 176, 180, 182, 183, 190, 191
    XIII Gemina 156, 189
    XXI Rapax 153, 154, 170, 172
    XXII Antoniniana primigenia pia fidelis 130
libertus 169, 231
magister vici 141

Ämter, Berufe, Militär

medicus 212
miles 130, 150, 157, 158, 159, 160, 161, 162, 163, 168, 175, 182, 183, 191
negotiatores salsari leguminari 164
praefectus cohortis 174
praefectus arcendis latrociniis 247
praefectus pro II viris 247
praepositus stationis Turicensis 193
praeses 155, 197, 199

quadragesima Galliarum 193
servus 166, 230
signifer 195, 209
ex stipe, stipibus 121, 124
structor 158
tribunus 139, 180
Tungrecani seniores 139
verna 148
veteranus 147, 152, 167, 189, 208, 209
vir perfectissimus 197
ursari 192

Bauten, Geldangaben

aedes 241
ara 131, 150, 151
arcus 149
balneae, balneum 200, 207
denarii C 187
horrea 230
murus Magidunensis 233
murus Tasgaetinus 199

murus Vindonissensis 155
pecunia sua 122
pedatura 139
signum (Standbild) 131
stipes, ex stipibus 121, 124
sumptu suo 197, 199
templum 129, 148, 187
via ducta 125

Konkordanz der römischen Inschriften in der Schweiz II

No.	=	laufende Nummer dieser Sammlung
CIL	=	Corpus Inscriptionum Latinarum. Vol. XIII (1905–1916)
BRGK	=	Berichte der Röm.-German. Kommission, Frankfurt, 17, 1927; 27, 1938; 40, 1959
J. Ber. Pro Vind.	=	Jahresbericht der Gesellschaft Pro Vindonissa, Brugg
Jb. SGU	=	Jahrbuch der Schweiz. Gesellschaft für Ur- und Frühgeschichte
Arch. d. Schw.	=	Archäologie der Schweiz, Basel
H.-M.	=	E. Howald – E. Meyer, Die römische Schweiz, Zürich 1941

No.	CIL XIII, BRGK	H.-M.	Fundort	Standort	Charakter
114	CIL XIII 5150	187	Cressier NE	Cressier NE	Weih.
115	5151	188	Cressier NE	Cressier NE	Weih.
116	5153	237	Amsoldingen	Bern	Grab.
117	5154	236	Amsoldingen	Thun	Grab.
118	5155	238	Amsoldingen	Thun	Grab.
119	5156	239	Amsoldingen	Amsoldingen	Grab.
120	5157		Amsoldingen	Amsoldingen	Grab.
121	5162		Bern	Bern	Weih.
122	5163		Rapperswil BE	Rapperswil	Weih.
123	5164		Brügg BE	Bern	Grab.
125	5165	244	Pierre-Pertuis	Pierre-Pertuis	Bau.
124	BRGK 17, 98	234	Allmendingen	Bern	Weih.
126	CIL XIII 5167		Lengnau BE	Solothurn	Grab.
127	5168		Leuzigen BE	Leuzigen BE	Grab.
128	BRGK 17, 99	243	Friedliswart	Biel	Weih.
129	CIL XIII 5169	246	Solothurn	Solothurn	Bau.
130	5170	245	Solothurn	Solothurn	Weih.
131	5171	247	Solothurn	Solothurn	Weih.
	5173		Solothurn	verloren	Weih.
	5174		Solothurn	verloren	Weih.
	5175		Solothurn	verloren	Frg.
	5176		Solothurn	verloren	Weih.
132	5177	252	Solothurn	Solothurn	Grab.
133	5178	251	Solothurn	Solothurn	Grab.
	5179		Solothurn	verloren	Grab.
	5180		Solothurn	verloren	Grab.
134	5181		Solothurn	Solothurn	Grab.
135	5182		Solothurn	Solothurn	Grab.
136	5183		Solothurn	Solothurn	Grab.

No.	CIL XIII, BRGK	H.-M.	Fundort	Standort	Charakter
137	CIL XIII 5184		Solothurn	Solothurn	Grab.
138	5185	253	Solothurn	Solothurn	Grab.
	5186		Solothurn	verloren	Grab.
	5188		Solothurn	verloren	Frg.
	5189		Verena-Schlucht	verloren	Frg.
139	5190	254	Laupersdorf	Solothurn	Bau.
140	11499	250	Solothurn	Solothurn	Weih.
141	BRGK 40, 52		Solothurn	Solothurn	Bau.
142	CIL XIII 5191	255	Olten	Olten	Grab.
143	5192	256	Olten	Olten	Grab.
144	BRGK 17, 93		Kt. Freiburg	Murten	Grab.
145	CIL XIII 5034	185	Morrens VD	Morrens	Grab.
146	BRGK 40, 53		Lenzburg	Lenzburg	Bau.
147	CIL XIII 5193		Königsfelden	Brugg	Weih.
148	5194	266	Königsfelden	Brugg	Bau.
149	5195	265	Brugg	Brugg	Bau.
	5196		Windisch	Zürich	Weih.
150	5197	297	Brugg	Brugg	Weih.
151	11501	296	Windisch	Brugg	Weih.
152	5198	306	Windisch	Zürich	Weih.
	5199 = 11519		Windisch	Brugg	Frg.
153	5200 = 11515	271	Altenburg	Brugg	Bau.
154	5201, 5237	270	Baden/Brugg	Brugg	Bau.
	5202		Königsfelden	verloren	Frg.
155	5203	294	Altenburg	Brugg	Bau.
	5204		Königsfelden	verloren	Frg.
	5205		Altenburg	Brugg	Frg.
156	5206	273	Brugg	Brugg	Grab.
157	5207	277	Windisch	Brugg	Grab.
	5208	274	Gebenstorf	verloren	Grab.
158	5209	279	Windisch	Zürich	Grab.
159	5210	280	Gebenstorf	Brugg	Grab.
160	5211	282	Gebenstorf	Brugg	Grab.
161	5212	283	Gebenstorf	Brugg	Grab.
	5213	284	Königsfelden	verloren	Grab.
	5214	285	Altenburg	verloren	Grab.
	5215	286	Altenburg	verloren	Grab.
162	5216	287	Gebenstorf	Brugg	Grab.
163	5217	289	Windisch	Brugg	Grab.
	5218		Windisch	verloren	Grab.
	5219		Königsfelden	verloren	Frg.
	5220		Brugg	verloren	Frg.

No.	CIL XIII, BRGK	H.-M.	Fundort	Standort	Charakter
164	CIL XIII 5221	267	Windisch	Zürich	Bau.
	5222		Ober-Wenigen	Zürich	Mosaik
	5223		Windisch	verloren	Frg.
	5224		Windisch	verloren	Frg.
	5225		Königsfelden	verloren	Grab.
	5226		Windisch	Brugg	Grab.
	5227		Windisch	Brugg	Grab.
	5228		Windisch	verloren	Frg.
	5229		Windisch	verloren	Frg.
	5230		Königsfelden	verloren	Frg.
	5231		Windisch	verloren	Frg.
	5232		Windisch	verloren	Frg.
165	11500	298	Unterwindisch	Brugg	Weih.
151	11501	296	Windisch	Brugg	Weih.
166	11502		Windisch	Brugg	Weih.
	11503/6	302	Windisch	Brugg/Mannh.	Bronze
167	11507	305	Unterwindisch	Brugg	Weih.
168	11508	307	Windisch	Brugg	Weih.
169	11509		Windisch	Brugg	Weih.
170	11510		Windisch	Brugg	Weih.
	11511		Windisch	Brugg	Bronze
	11512		Windisch	Brugg	Frg.
171	11513	268	Windisch	Brugg	Bau.
172	11514	269	Windisch	Brugg	Bau.
153	11515 = 5200	271	Altenburg	Brugg	Bau.
	11516 = 5223/32		Windisch	verloren	Frg.
	11517		Altenburg	Brugg	Frg.
173	11518		Windisch	Brugg	Weih.
	11519 = 5199		Windisch	Brugg	Frg.
	11520		Windisch	Brugg	Frg.
	11521		Habsburg	Brugg	Frg.
	11522		Königsfelden	verloren	Frg.
174	11523		Windisch	Brugg	Frg.
175	11524	275	Windisch	Brugg	Grab.
176	11525		Windisch	Brugg	Frg.
	11525 a–d		Windisch	Brugg	Bronze
177	11526		Windisch	Brugg	Frg.
	11526 a		Windisch	Brugg	Frg.
178	11527		Windisch	Brugg	Weih.
	11528/34		Windisch	Brugg	Frgg.
179	BRGK 17, 101	300	Windisch	Brugg	Weih.
180	17, 106	288	Altenburg	Brugg	Weih.

No.	CIL XIII, BRGK	H.-M.	Fundort	Standort	Charakter
181	BRGK 17, 107	311	Windisch	Brugg	Weih.
182	17, 108	281	Windisch	Brugg	Grab.
	27, 58		Windisch	Brugg	Weih.
183	27, 61	278	Windisch	Brugg	Grab.
184	40, 58		Windisch	Brugg	Weih.
185	J. Ber. Pro Vind. 1975		Windisch	Brugg	Grab.
186	J. Ber. Pro Vind. 1971		Brugg	Brugg	Grab.
187	CIL XIII 5233	258	Wettingen	Wettingen	Weih.
188	5235	259	Baden	Zürich	Weih.
	5236	257	Baden	verloren	Weih.
154	5237	270	Baden	Brugg	Bau.
	5238		Baden	verloren	Frg.
189	5239	330	Zurzach	Zurzach	Grab.
190	5240		Zurzach	Brugg	Grab.
191	5241	331	Zurzach	Brugg	Grab.
	5242		Zurzach	verloren	Frg.
192	5243	261	Zürich	Zürich	Weih.
193	5244	260	Zürich	Zürich	Grab.
	5246		Kempraten	verloren	Weih.
194	BRGK 40, 87	262	Zürich	Zürich	Grab.
	40, 88		Zürich	Zürich	Frg.
	40, 91		Oberwinterthur	Oberwinterthur	Frg.
195	CIL XIII 5247	263	Jona	Rapperswil	Weih.
196	5248		Seegräben	Zürich	Weih.
197	5249	264	Konstanz	Winterthur	Bau.
198	5254	369	Eschenz	Konstanz	Weih.
	5255	371	Burg	verloren	Weih.
199	5256	370	Burg	Schaffhausen	Bau.
200	5257	368	Eschenz	Konstanz	Bau.
201	11537	339	Koblenz	Zürich	Bau.
202	11538	340	Etzgen	Brugg	Bau.
203	5258	350	Kaiseraugst	Augst	Weih.
204	5259	351	Kaiseraugst	Augst	Weih.
205	5260	344	Kaiseraugst	Augst	Weih.
	5262	349	Augst	Colmar?	Weih.
	5263		Augst	verloren	Weih.
206	5265		Augst	Augst	Kaiser.
207	5266		Kaiseraugst	Augst	Bau.
	5267		Kaiseraugst	Augst	Frg.
	5268		Kaiseraugst	verloren	Frg.
208	5269	367	Basel	Basel	Grab.
209	5270	338	Kaiseraugst	Augst	Grab.

No.	CIL XIII, BRGK	H.-M.	Fundort	Standort	Charakter
	CIL XIII 5271		Kaiseraugst	verloren	Grab.
210	5272	343	Basel	Basel	Ehren.
	5273	342	Augst	Augst	Frg.
	5274		Augst	Augst	Frg.
	5275		Augst	Augst	Frg.
211	5276	364	Basel	Basel	Grab.
212	5277	359	Basel	Basel	Grab.
213	5278	353	Augst	Basel	Grab.
214	5279	354	Basel	Basel	Grab.
215	5280	355	Augst	Basel	Grab.
216	5281	356	Basel	Basel	Grab.
217	5282	357	Augst	Augst	Grab.
218	5283		Basel	Basel	Frg.
219	5284		Augst	Augst	Grab.
	5285 = XII 3522		Nîmes	Nîmes	Grab.
	5286		Augst	Augst	Grab.
220	5287	360	Basel	Basel	Grab.
	5288		Basel	verloren	Frg.
	5289		Augst	verloren	Frg.
221	5290		Basel	Basel	Grab.
222	5291		Augst	Augst	Grab.
223	5292	361	Basel	Basel	Grab.
	5293		Augst	verloren	Frg.
224	5294		Augst	Basel	Grab.
	5295	366	Augst	verloren	Grab.
225	5296		Augst	Basel	Grab.
	5297/8		Augst	verloren	Frgg.
	5299		Basel	verloren	Frg.
	5300		Augst	verloren	Frg.
	5301		Augst	Augst	Frg.
	5302		Rom	verloren	Frg.
	5303/5		Basel	verloren	Frgg.
	5306		Kaiseraugst	verloren	Frg.
	5307		Augst	Basel	Frg.
226	5308		Kaiseraugst	Augst	Grab.
227	5309		Kaiseraugst	Augst	Grab.
	5311		Munzach	verloren	Grab.
228	5312	362	Munzach	Basel	Grab.
	5314		Porrentruy	verloren	Frg.
229	11539	347	Basel	Basel	Weih.
230	11540	336	Kaiseraugst	Augst	Weih.
231	11541		Langenbruck	Basel	Weih.

No.	CIL XIII, BRGK	H.-M.	Fundort	Standort	Charakter
232	CIL XIII 11542	337	Augst	Augst	Bau.
233	11543	341	Kaiseraugst	Augst	Bau.
234	11544		Kaiseraugst	Augst	Grab.
	11545/47a		Augst	verloren	Frgg.
235	11548	363	Basel	Basel	Grab.
	11549		Augst	Augst	Frg.
236	11550		Kaiseraugst	Zürich	Grab.
237	BRGK 17, 132	345	Augst	Augst	Weih.
238	133	346	Augst	Augst	Weih.
239	134	352	Augst	Augst	Weih.
240	27, 64	335	Augst	Augst	Bau.
	65		Augst	Augst	Frg.
	40, 96		Augst	Augst	Frg.
	98		Kaiseraugst	Basel	Frg.
	100a		Augst	Augst	Frg.
241	101		Augst	Augst	Weih.
	102		Augst	Augst	Bau.
	105		Augst	verloren	Grab.
242	106		Augst	Augst	Grab.
243	107		Kaiseraugst	Augst	Grab.
244	Jb. SGU 1966/7, 127		Augst	Augst	Weih.
245			Augst	Augst	Grab.
246			Augst	Augst	Frg.
247	Arch. d. Schw. 1978		Nyon	Nyon	Ehren.
248	CIL XIII 5111		Faoug	Môtier	Grab.

Prof. Dr. Gerold Walser

Römische Inschriften in der Schweiz

Teil I: Westschweiz

257 Seiten, 115 Abbildungen, kartoniert
Fr. 22.–/DM 24.–

«Der erste Band präsentiert 113 Inschriften der Westschweiz. Jeder Inschrift ist eine Doppelseite gewidmet: auf der rechten Seite findet der Leser eine Photographie der Inschrift – durchwegs Aufnahmen des Verfassers –, auf der linken eine knappe Beschreibung, eine Umschrift mit Auflösung der Abkürzungen, eine Übersetzung, einen kurzgefassten Kommentar und Literaturangaben. Ausführliche Namen- und Sachregister und eine Konkordanz der römischen Inschriften in der Schweiz erschliessen die Texte.
Wenn Gerold Walser in seiner Einführung die neue Sammlung eine ‚Studienausgabe' nennt, so sollte sich der interessierte Laie, der gelegentlich von seinem Weg abzweigt, um den Spuren der Römer zu folgen, damit nicht ausgeschlossen fühlen: Das inhaltsreiche Bändchen ist jedem, der einmal Latein gelernt hat, auf solchen Wegen ein hilfreicher Begleiter. Das handliche Format und der flexible Einband machen es leicht, diesen überaus nützlichen Schlüssel zu den römischen Inschriften auf Reisen in die römische Schweiz oder bei Museumsbesuchen mitzuführen, als einen treuen Dolmetscher für den Dialog zwischen Römerzeit und Gegenwart, der uns hilft, diese sprechenden Steine zu verstehen und das Leben, das sie bergen, wiederzuerwecken.»

(Radio Zürich)

 Verlag Paul Haupt Bern und Stuttgart